思维导图

鸿雁　编著

吉林文史出版社
JILIN WENSHI CHUBANSHE

图书在版编目（CIP）数据

思维导图 / 鸿雁编著. -- 长春 : 吉林文史出版社, 2017.5

ISBN 978-7-5472-4050-2

Ⅰ. ①思… Ⅱ. ①鸿… Ⅲ. ①思维方法 Ⅳ. ①B804

中国版本图书馆CIP数据核字(2017)第091434号

思维导图

SIWEI DAOTU

出 版 人　孙建军
编 著 者　鸿　雁
责任编辑　于　涉　董　芳
责任校对　薛　雨　王莹莹
封面设计　韩立强
出版发行　吉林文史出版社有限责任公司（长春市人民大街4646号）
　　　　　www.jlws.com.cn
印　　刷　北京海德伟业印务有限公司
版　　次　2017年5月第1版　2017年5月第1次印刷
开　　本　640mm×920mm　16开
字　　数　202千
印　　张　16
书　　号　ISBN 978-7-5472-4050-2
定　　价　49.00元

前　言

“思维导图”概念的提出，标志着人类对大脑潜能的开发进入了一个全新的阶段。如今，这一由英国“记忆之父”东尼·博赞发明的思维工具，已成为21世纪风靡全球的革命性思维工具，并成功改变全世界超过2.5亿人的思维习惯。作为一种终极的思维工具和21世纪全球革命性的管理工具、学习工具，思维导图的出现，在全球教育界和商界掀起了一场超强的大脑风暴，被人称作“大脑瑞士军刀”。

思维导图又叫心智图，是表达发散型思维的有效图形思维工具，它运用图文并重的技巧，把各级主题的关系用相互隶属与相关的层级图表现出来，把主题关键词与图像、颜色等建立记忆链接，充分运用左右脑的机能，利用记忆、阅读、思维的规律，协助人们在科学与艺术、逻辑与想象之间平衡发展，从而开启人类大脑的无限潜能。

我们知道，每一种进入大脑的资料，不论是感觉、记忆或是想法——包括文字、数字、代码、食物、香气、线条、颜色、意象、节奏、音符等，都可以成为一个思考中心，并由此中心向外发散出成千上万的关节点，每一个关节点代表与中心主题的一个联结，而每一个联结又可以成为另一个中心主题，再向外发散出成千上万的关节点，而这些关节的联结可以视为您的记忆，也就是您的个人数据库。人类从一出生就开始累积这些庞大且复杂的数据库，在使用思维导图后，大脑的资料存储就变得简单明晰，更具效率，也更加轻松有趣了。

众所周知，人与人之间在能力上并没有多大的差别。之所以在学习、工作中分出伯仲，原因就在于思维方式和思考模式的不同。思维导图是彩色的，图文并重，这有助于开发人的智力；思维导图是发散性的，这有助于培养一个人的全面性思维与逻辑性；思维导图是无局限的，可以应用于生活的各个方面；它充满想象，记录联想的过程，从而也激发更多创意。对于世界上的每一个人来说，思维导图的出现，都带来了一场深刻而广泛的思维革命。思维导图可以帮助人们更直接地接近和实现个人目标；更轻松地学习和记忆各类知识；更有效地支配生活；更高效地完成工作；更完美地规划自我。它除了可以提供一种正确而快速的学习方法与工具外，运用在创意开发、项目企划、教育演讲、会议管理，甚至职场竞争、人际交往、自我分析、解决性格缺失等方面，也往往会产生令人惊喜的效果。

今天，在哈佛大学、剑桥大学，学校师生都在使用思维导图这项思维工具教学、学习；在新加坡，思维导图已经基本成为中小学生的必修课，用思维导图提升智力能力、提高思维水平已经得到越来越多人的认可。名列世界500强的众多公司更是把思维导图课程作为员工进入公司的必修课，其中不乏IBM、微软、惠普、波音等世界著名的大公司。

21世纪的经济，无疑是以知识经济作主导，全民族智力的发展将决定着国家未来的繁荣昌盛。人类历史越来越演变成为教育与灾难之间的赛跑。要想促进知识经济的发展和国民素质的提高，就必须提高人们学习、工作的能力和效率。思维导图正是可以帮助我们做到这一点的超强大脑工具，它会在我们学习工作和生活的各个层面发挥作用，为整个社会的发展做出应有的贡献。

本书融科学性、实用性、系统性、可读性于一体，以思维导图的形式介入广大学生和各行各业学习者的生活、工作中，用简明易懂的讲解和实用易学的心智图挖掘其创造潜能、思维潜能、精神潜能、记忆潜能、身体潜能、感觉潜能、计算潜能和文字表达潜能……解决各类疑难问题，使我们的生活、工作更加轻松、更富成效。

当全世界有超过2.5亿人认识到思维导图的巨大价值，使用思维导图并获益的时候，希望你也成为他们当中的一员！

目　录

第一篇　大脑使用说明

第二篇　唤醒创造天才

第四篇　激发身体潜能

第五篇　磨砺社交技能

第七篇　画出完美人生

第一篇

大脑使用说明

第一章　思维导图概述

第一节　揭开思维导图的神秘面纱

思维导图是由世界著名的英国学者东尼·博赞发明。思维导图又叫心智图，是把我们大脑中的想法用彩色的笔画在纸上。它把传统的语言智能、数字智能和创造智能结合起来，是表达发散性思维的有效图形思维工具。

思维导图自一面世，即引起了巨大的轰动。

作为21世纪全球革命性思维工具、学习工具、管理工具，思维导图已经应用于生活和工作的各个方面，包括学习、写作、沟通、家庭、教育、演讲、管理、会议等，运用思维导图带来的学习能力和清晰的思维方式已经成功改变了2.5亿人的思维习惯。

英国人东尼·博赞作为“瑞士军刀”般思维工具的创始人，因为发明“思维导图”这一简单便捷的思维工具，被誉为“智力魔法师”和“世界大脑先生”，闻名世界。作为大脑和学习方面的世界超级作家，东尼·博赞出版了80多部专著或合著，系列图书销售量已达到1000万册。

思维导图是一种革命性的学习工具，它的核心思想就是把形象思维与抽象思维很好地结合起来，让你的左右脑同时运作，将你的思维痕迹在纸上用图画和线条形成发散性的结构，极大地提高你的智力技能和智慧水准。

在这里，我们不仅是介绍一个概念，更要阐述一种最有效最神奇的学习方法。不仅如此，我们还要推广它的使用范围，

让它的神奇效果惠及每一个人。

思维导图应用的越广泛，对人类乃至整个宇宙产生的影响就越大。

而你在接触这个新东西的时候会收获一种激动和伟大发现的感觉。

思维导图用起来特别简单。比如，你今天一天的打算，你所要做的每一件事，我们可以用一张从图中心发散出来的每个分支代表今天需要做的不同事情。

简单地说，思维导图所要做的工作就是更加有效地将信息

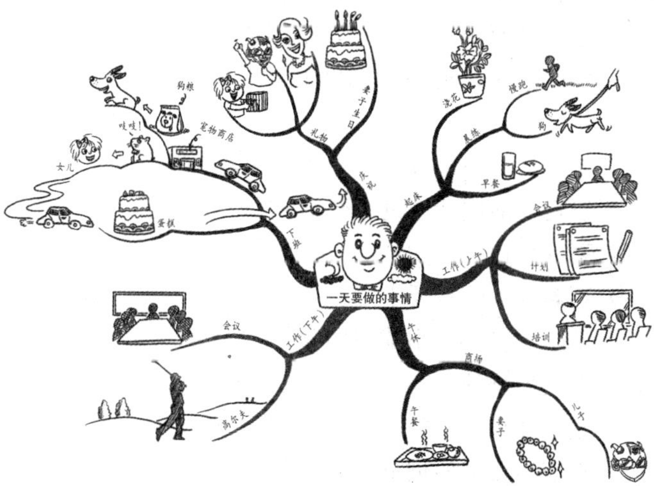

“放入”你的大脑，或者将信息从你的大脑中“取出来”。

思维导图能够按照大脑本身的规律进行工作，启发我们抛弃传统的线性思维模式，改用发散性的联想思维思考问题；帮助我们作出选择、组织自己的思想、组织别人的思想，进行创造性的思维和脑力风暴，改善记忆和想象力等；思维导图通过画图的方式，充分地开发左脑和右脑，帮助我们释放出巨大的大脑潜能。

第二节　让 2.5 亿人受益一生的思维习惯

随着思维导图的不断普及，世界上使用思维导图的人数可能已经远远超过 2.5 亿。

据了解，目前许多跨国公司，如微软、IBM、波音正在使用或已经使用思维导图作为工作工具；新加坡、澳大利亚、墨西哥早已将思维导图引入教育领域，收效明显，哈佛大学、剑桥大学、伦敦经济学院等知名学府也在使用和教授“思维导图”。

可见，思维导图已经悄悄来到了你我的身边。

我们之所以使用思维导图，是因为它可以帮助我们更好地解决实际中的问题，比如，在以下方面可以帮助你获取更多的创意：

（1）对你的思想进行梳理并使它逐渐清晰；

（2）以良好的成绩通过考试；

（3）更好地记忆；

（4）更高效、快速地学习；

（5）把学习变成“小菜一碟”；

（6）看到事物的“全景”；

（7）制订计划；

（8）表现出更强的创造力；

(9) 节省时间；

(10) 解决难题；

(11) 集中注意力；

(12) 更好地沟通交往；

(13) 生存；

(14) 节约纸张。

第三节 怎样绘制思维导图

其实，绘制思维导图非常简单。思维导图就是一幅幅帮助你了解并掌握大脑工作原理的使用说明书。

思维导图就是接住文字将你的想法“画”出来，因为这样才更容易记忆。

绘制过程中，我们要使用到颜色。因为思维导图在确定中央图像之后，有从中心发散出来的自然结构；它们都使用线条、符号、词汇和图像，遵循一套简单、基本、自然、易被大脑接受的规则。

颜色可以将一长串枯燥无味的信息变成丰富多彩的、便于记忆的、有高度组织性的图画，接近于大脑平时处理事物的方式。

“思维导图”绘制工具如下：

(1) 一张白纸；

(2) 彩色水笔和铅笔数支；

(3) 你的大脑；

(4) 你的想象！

这些就是最基本的工具，当然在绘制过程中，你还可以拥有更适合自己习惯的绘图工具，比如成套的软芯笔，色彩明亮的涂色笔或者钢笔。

东尼·博赞给我们提供了绘制思维导图的 7 个步骤，具体如下：

(1) 从一张白纸的中心画图，周围留出足够的空白。从中心开始画图，可以使你的思维向各个方向自由发散，能更自由、更自然地表达你的思想。

如图：

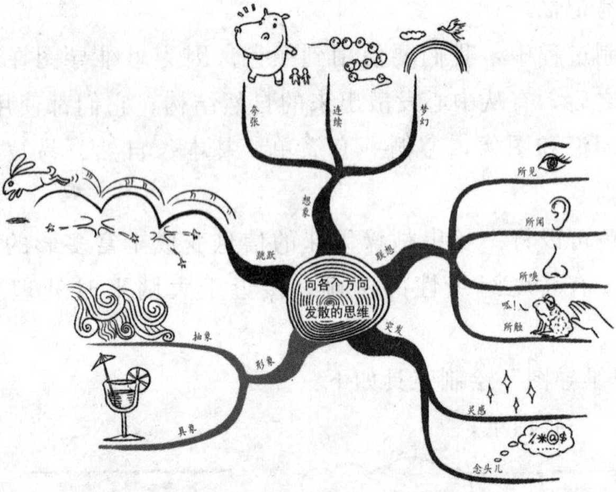

(2) 在白纸的中心用一幅图像或图画表达你的中心思想。因为一幅图画可以抵得上 1000 个词汇或者更多，图像不仅能刺激你的创意性思维，帮助你运用想象力，还能强化记忆。

(3) 尽可能多地使用各种颜色。因为颜色和图像一样能让你的大脑兴奋。颜色能够给你的思维导图增添跳跃感和生命力．为你的创造性思维增添巨大的能量。此外，自由地使用颜色绘画本身也非常有趣！

（4）将中心图像和主要分支连接起来，然后把主要分支和二级分支连接起来，再把三级分支和二级分支连接起来，依此类推。

我们的大脑是通过联想来思维的。如果把分支连接起来，你会更容易地理解和记住许多东西。把主要分支连接起来，同时也创建了你思维的基本结构。

其实，这和自然界中大树的形状极为相似。树枝从主干生出，向四面八方发散。假如大树的主干和主要分支、或主要分支和更小的分支以及分支末梢之间有断裂那么它就会出现问题！

（5）让思维导图的分支自然弯曲，不要画成一条直线。曲线永远是美的，你的大脑会对直线感到厌烦。美丽的曲线和分支，就像大树的枝杈一样更能吸引你的眼球。

（6）在每条线上使用一个关键词。所谓关键字，是表达核心意思的字或词，可以是名词或动词。关键字应该是具体的、有意义的，这样才有助于回忆。

单个的词语使思维导图更具有力量和灵活性。每个关键词就像大树的主要枝杈，然后繁殖出更多与它自己相关的、互相联系的一系列次级枝杈。

当你使用单个关键词时，每一个词都更加自由，因此也更有助于新想法的产生。而短语和句子却容易扼杀这种火花。

（7）自始至终使用图形。思维导图上的每一个图形，就像中心图形一样，可以胜过千言万语。所以，如果你在思维导图上画出了 10 个图形，那么就相当于记了数万字的笔记！

以上就是绘制思维导图的 7 个步骤，不过，这里还有几个技巧可供参考：

把纸张横放，使宽度变大。在纸的中心，画出能够代表你心目中的主体形象的中心图像。再用水彩笔任意发挥你的思路。

先从图形中心开始画，标出一些向四周放射出来的粗线条。

每一条线都代表你的主体思想，尽量使用不同的颜色区分。

在主要线条的每一个分支上，用大号字清楚地标上关键词，当你想到这个概念时，这些关键词立刻就会从大脑里跳出来。

运用你的想象力，不断改进你的思维导图。

在每一个关键词旁边，画一个能够代表它、解释它的图形。

用联想来扩展这幅思维导图。对于每一个关键词，每一个人都会想到更多的词。比如你写下“橙子”这个词时，你可以想到颜色、果汁、维生素 C 等等。

根据你联想到的事物，从每一个关键词上发散出更多的连线。连线的数量根据你的想象可以有无数个。

第四节　教你绘制一幅自己的思维导图

思维导图就是一幅帮助你了解并掌握大脑工作原理的使用说明书，并借助文字将你的想法“画”出来，便于记忆。

现在，让我们来绘制一幅“如何维护保养大脑”的思维导图。

你可以试着按以下步骤进行：

准备一张白纸（最好横放），在白纸的中心画出你的这张思维导图的主题或关键字。主题可以用关键字和图像（比如在这张纸的中心可以画上你的大脑）来表示。

用一幅图像或图画表达你的中心思想（比如你可以把你的大脑想象成蜘蛛网）。

使用多种颜色（比如用绿色表示营养部分，红色表示激励部分）。

连接中心图像和主要分支，然后再连接主要分支和二级分支，接着再连二级分支和三级分支，依次类推（比如“营养”是主要分支，“维生素”“蛋白质”等是二级分支，“维生素 A”“B 族维生素”“卵磷脂”等是三级分支等）。

用曲线连接。每条线上注明一个关键词（比如“滋润”“创造力”等）。

多使用一些图形。

好了，按照这几个步骤，这张思维导图你画好了吗？

下面就是编者绘制的一张“如何维护保养大脑”的思维导图，仅供大家参考。

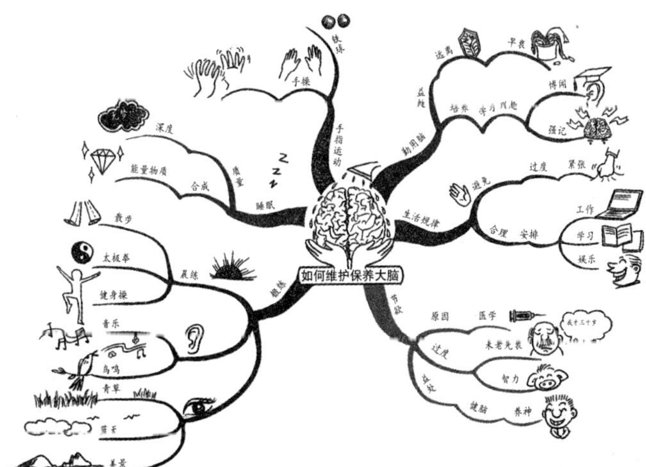

第二章　由思维导图引发的大脑海啸

第一节　认识你的大脑从认识大脑潜力开始

你了解自己的大脑吗?

你认为自己大脑潜力都发挥出来了吗?

你常常认为自己很笨吗?

生活中，总有一些人认为自己很笨，没有别人聪明。但是他们不知道，自己之所以没能取得好成绩、甚至取得成功，是因为只使用了大脑潜力的一小部分，个人的能力并没有全部发挥出来。

现在社会发展速度极快，不论在学习或其他方面，如果我们想表现得更出色，那么就必须重视我们的大脑，让大脑发挥出更大的潜力。遗憾的是，很少有人重视这一点。

其实，你的大脑比你想象得要厉害得多。

近年来，对大脑的开发和研究引起了很多科学家的注意，他们做了很多有益的探索，也取得了很多新的科研成果。过去10年中，人类对大脑的认识比过去整个科学史上所认识的还要多得多。特别是近代科技上所取得的惊人成就，使我们能够借助它们得以一窥大脑的奥秘。

他们一致认为，世界上最复杂的东西莫过于人的大脑。人类在探索外太空极限的同时，却忽略了宇宙间最大的一片未被开采过的地方——大脑。我们对大脑的研究还远远不够，还有很多未知的领域，而且可以肯定我们对大脑的研究和开发将会极大的推动人类社会的进步。

那么，就让我们先来初步认识一下我们的头脑——这个自然界最精密、最复杂的器官：

人脑由三部分组成：即脑干、小脑和大脑。

脑干位于头颅的底部，自脊椎延伸而出。大脑这一部分的功能是人类和较低等动物（蜥蜴、鳄鱼）所共有的，所以脑干又被称为爬虫类脑部。脑干被认为是原始的脑，它的主要功能是传递感觉信息，控制某些基本的活动，如呼吸和心跳。

脑干没有任何思维和感觉功能。它能控制其他原始直觉，如人类的地域感。在有人过度接近自己时，我们会感到愤怒、受威胁或不舒服，这些感觉都是脑干发出的。

小脑负责肌肉的整合，并有控制记忆的功能。随着年龄的增长和身体各部分结构的成熟，小脑会逐渐得到训练而提高其生理功能。对于运动，我们并没有达到完全控制的程度，这就是小脑没有得到锻炼的结果。你可以自己测试一下：在不活动其他手指的情况下，试着弯曲小拇指以接触手掌，这种结果是很难达到的，而灵活的大拇指却能十分轻松地完成这个动作。

大脑是人类记忆、情感与思维的中心，由两个半球组成，表面覆盖着2.5～3mm厚的大脑皮层。如果没有这个大脑皮层，我们只能处于一种植物状态。

大脑可分成左、右两个半球，左半球就是“左脑”，右半球就是“右脑”，尽管左脑和右脑的形状相同，二者的功能却大相径庭。左脑主要负责语言，也就是用语言来处理信息，把我们通过五种感官（视觉、听觉、触觉、味觉和嗅觉）感受到的信息传入大脑中，再转换成语言表达出来。因此，左脑主要起处理语言、逻辑思维和判断的作用，即它具有学习的本领。右脑主要用来处理节奏、旋律、音乐、图像和幻想。它能将接收到的信息以图像方式进行处理，并且在瞬间即可处理完毕。一般大量的信息处理工作（例如心算、速读等）是由右脑完成的。右脑具有创造性活动的本领。例如，我们仅凭熟悉的声音或脚

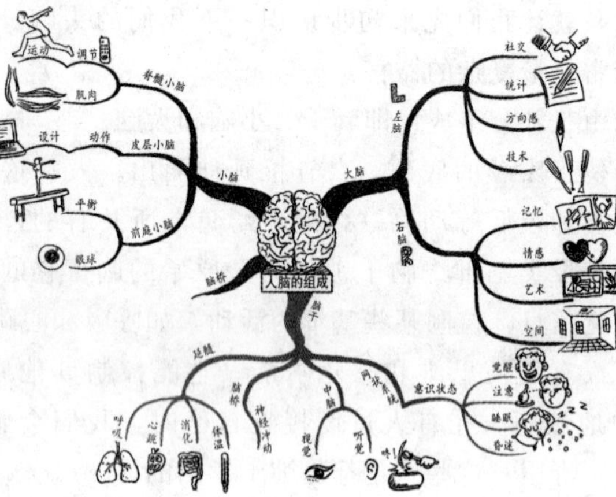

步声，即可判断来人是谁。

有研究证明，我们今天已经获取的有关大脑的全部知识，可能还不到必须掌握的知识的1%。这表明，大脑中蕴藏着无数待开发的资源。

如果把大脑比喻成一座冰山的话，那么一般人所使用的资源还不到1%，这只不过是冰山一角；剩下99%的资源被白白闲置了，而这正是大脑的巨大潜能之所在。

科学也证明，我们的大脑有2000亿个脑细胞，能够容纳1000亿个信息单位，为什么我们还常常听一些人抱怨自己学得不好，记得不牢呢？

我们的思考速度大约是每小时480英里，快过最快的了弹头列车，为什么我们不能思考得更迅速呢？

我们的大脑能够建立100万亿个联结，甚至比最尖端的计数机还厉害，为什么我们不能理解得更完整更透彻呢？

而且，我们的大脑平均每24小时会产生4000种念头，为什么我们每天不能更有创造性地工作和学习呢？

其实，答案很简单。我们只使用了大脑的一部分资源，按照美国最大的研究机构斯坦福研究所的科学家们所说，我们大约只利用了大脑潜能的10%，其余90%的大脑潜能尚未得到开发。

我们不妨大胆假设一下，假如我们能利用脑力的20%，也就是把大脑潜能提高一倍的话，你的外在表现力将是多么惊人！

或许我们已经知道，我们的大脑远比以前想象的精妙得多，任何人的所谓“正常”的大脑，其能力和潜力远比以前我们所认识到的要强大得多。

现在，我们找到了问题的原因，那就是我们对自己所拥有的内在潜力一无所知，更不用说如何去充分利用了。

第二节　启动大脑的发散性思维

思维导图是发散性思维的表达，作为思维发展的新概念，发散性思维是思维导图最核心的表现。

比如下面这个事例。

在某个公司的活动中，公司老总和员工们做了一个游戏：

组织者把参加活动的人分成了若干个小组，每个小组选出一个小组长扮演“领导”的角色，不过，大家的台词只有一句，那就是要充满激情地说一句：“太棒了！还有呢?”其余的人扮演员工，台词是：“如果……有多好！”游戏的主题词设定为“马桶”。

当主持人宣布游戏开始的时候，大家出现了一阵习惯性的沉默，不一会儿，突然有人开口：“如果马桶不用冲水，又没有臭味有多好！”

“领导”一听，激动地一拍大腿：“太棒了！还有呢?”

另外一个员工接着说：“如果坐在马桶上也不影响工作和娱乐有多好！”

又一位“领导”也马上伸出大拇指：“太棒了！还有呢?”

“如果小孩在床上也能上马桶有多好！”

……

讨论进行得热火朝天，各人想法天马行空，出乎大家的意料。

这个公司管理人员对此进行了讨论，并认为有三种马桶可以尝试生产并投入市场：一种是能够自行处理，并能把废物转化成小体积密封肥料的马桶；一种是带书架或耳机的马桶；还有一种是带多个“终端”的马桶，即小孩老人都可以在床上方便，废物可以通过“网络”传到“主”马桶里。

这个游戏获得了巨大的成功，其中便得益于发散性思维的运用。

针对这个游戏，我们同样可以利用思维导图表示出来。

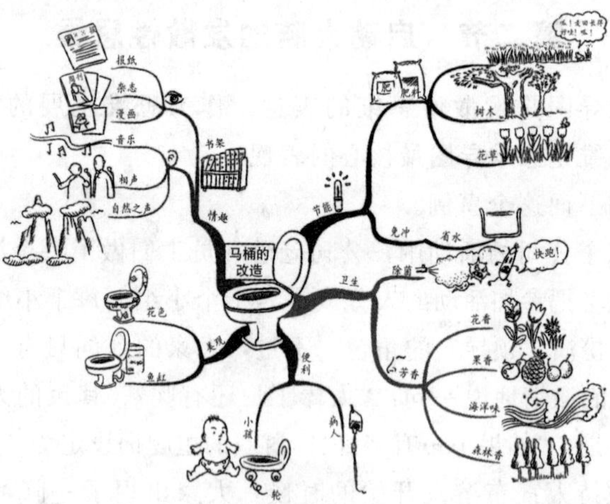

大脑作为发散性思维联想机器，思维导图就是发散性思维的外部表现，因为思维导图总是从一个中心点开始向四周发散的，其中的每个词汇或者图像自身都成为一个子中心或者联想，整个合起来以一种无穷无尽的分支链的形式从中心向四周发散，或者归于一个共同的中心。

我们应该明白，发散性思维是一种自然和几乎自动的思维方式，人类所有的思维都是以这种方式发挥作用的。一个会发散性思维的大脑应该以一种发散性的形式来表达自我，它会反映自身思维过程的模式。给我们更多更大的帮助。

第三节　思维导图让大脑更好地处理信息

让大脑更好更快地处理各种信息，这正是思维导图的优势所在。使用思维导图，可以把枯燥的信息变成彩色的、容易记忆的、高度组织的图，它与我们大脑处理事物的自然方式相吻合。

思维导图可以让大脑处理起信息更简单有效。

从思维导图的特点及作用来看，它可以用于工作、学习和生活中的任何一个领域里。

比如作为个人：可以用来进行计划，项目管理，沟通，组织，分析解决问题等；作为一个学习者：可以用于记忆，笔记，写报告，写论文，做演讲，考试，思考，集中注意力等；作为职业人士：可以用于会议，培训，谈判，面试，掀起头脑风暴等。

利用思维导图来应对以上方面，都可以极大地提高你的效率，增强思考的有效性和准确性以及提升你的注意力和工作乐趣。

比如，我们谈到演讲。

起初，也许你会怀疑，演讲也适合做思维导图吗？

没错！你用不着担心思维导图无法使相关演讲信息顺利过渡。一旦思维导图完成，你所需要的全部信息就都呈现出来了。

其实，我们需要做的只是决定各种信息的最终排列顺序。一幅好的思维导图将有多种可选性。最后确定后，思维导图的每个区域将涂上不同的颜色，并标上正确的顺序号。继而将它转化为写作或口头语言形式，将是很简单的事，你只要圈出所需的主要区域，然后按各分支之间连接的逻辑关系，一点一点地进行就可以了。

按这种方式，无论多么繁琐的信息，多么艰难的问题都将被一一解决。

又比如，我们在组织活动或讨论会时需用的思维导图。

也许我们这次需要处理各种信息，解决很多方面的问题。当我们没有想到思维导图的时候，往往会让人陷入这样的局面：每个人都在听别人讲话，每个人也都在等别人讲话，目的只是为等说话人讲完话后，有机会发表自己的观点。

在这种活动或讨论会上，或许会发生我们不愿看到的结果，比如，大家叽叽喳喳，没有提出我们期望的好点子，讨论来讨论去没有解决需要解决的问题，最后现场不仅没有一点秩序，而且时间也白白地浪费了。

这时，如果活动组织者运用思维导图的话，所有问题将迎刃而解。活动组织者可以在会议室中心的黑板上，以思维导图的基本形式，写下讨论的中心议题及几个副主题。让与会者事先了解会议的内容，使他们有备而来。

组织者还可以在每个人陈述完他的看法之后，要求他用关键词的形式，总结一下，并指出在这个思维导图上，他的观点从何而来，与主题思维导图的关联等等。

这种使用思维导图方式的好处显而易见：

（1）可以准确地记录每个人的发言；

（2）保证信息的全面；

（3）各种观点都可以得到充分的展现；

（4）大家容易围绕主题和发言展开，不会跑题；

（5）活动结束后，每个人都可记录下思维导图，不会马上忘记。

这正是思维导图在处理大量信息面前的好处，在讨论会上，可以吸引每个人积极地参与目前的讨论，而不是仅仅关心最后的结论。

利用思维导图这种形式可以全面加强事物之间的内在联系，强化人们的记忆、使信息井然有序，为我所用。

在处理复杂信息时，思维导图是你思维相互关系的外在“写照”，它能使你的大脑更清楚地“明确自我”，因而更能全面地提高思维技能，提高解决问题的效率。

第四节　大脑是人体最重要的保护对象

几乎每个人都知道，大脑实在是太重要了。

它是人体最重要的器官，它为我们人类创造了无尽的创意和价值……

大脑对人体是如此重要、如此宝贵，但它也很娇嫩，容易受到伤害：大脑只有1400克左右的重量，80%都是水；它虽然只约占人体总重量的2%，却要使用我们呼吸进来的20%的氧气。

大脑需要的能量很大，却不能储备能量，它每1秒钟要进行10万种不同的化学反应，消耗的氧气和葡萄糖分别占全身供应量的20%～25%，每分钟需要动脉供血800ml～1200ml，而且脑组织中几乎没有氧和葡萄糖的储备，必须不停地接受心脏搏出的动脉血液来维持正常的功能。

大脑需要通畅的血管，以供给足够的血液。若脑缺血30秒钟则神经元代谢受损，缺血2分钟神经细胞代谢将停止。

尽管每个人都有坚实的颅骨，像一个天然的头盔保护着我们的大脑，大脑仍然容易受到各种外伤。50岁以下的人中，脑外伤是常见的致死和致残原因，脑外伤也是35岁以下男性死亡的第二位原因（枪伤为第一位）。大约一半的严重脑外伤患者不能存活。

即使颅骨没有被穿透，头部遭遇外力打击时大脑也难以避免受到损伤；突然的头部加速运动，与猛击头部一样可引起脑组织损伤；头部快速撞击不能移动的硬物或突然减速运动也是常见的脑外伤原因。受撞击的一侧或相反方向的脑组织与坚硬而凸起的颅骨发生碰撞时极易受到损伤。

大脑每天都在为我们工作，不仅能有效地制作思维导图，还有轻松地为我们解决各种问题……

在日常生活中，我们该如何维护、保养好我们的大脑呢？

首先，我们要认识到保护自己的大脑不受伤害是头等重要的事情，特别要注意使自己的大脑不受外伤是保证你处于最佳状态的一个关键。所以，我们在日常的工作生活中，要特别注意保护大脑，尤其在进行踢足球、滑冰、玩滑板、驾驶等容易伤及大脑的活动中小心谨慎，使它免受外力的侵害。

比如在运动中尽量避免碰撞到头部，在驾驶汽车时要系安全带，开摩托车时要戴头盔等。头部一旦受伤，要到正规的医疗部门诊治，不能因为没有流血或者自己觉得不严重而掉以轻心。

其次，保护你的大脑不受情感创伤的侵害。情感创伤就像身体创伤一样，能够干扰大脑的正常发育以及给大脑带来负面的改变。比如遭遇地震、火灾、交通事故或者被抢劫、枪击等以后，受害者的情感会受到强烈的刺激，如果不能及时给予心理治疗和适当的药物治疗，大脑的功能就会受到伤害。

第三，保护你的大脑不受有毒物质的侵害。众所周知，酗酒、吸烟、吸毒对大脑有很大的毒害作用，我们一定要远离毒品、尼古丁和酒精。同时我们还要知道有很多药物对大脑也会起到毒害作用：比如某类止痛片、某类减肥药和抗焦虑药物等，所以我们在服药时要特别慎重，尽量减少药物对大脑的伤害。

据此，我们绘制了一幅保护大脑的思维导图：

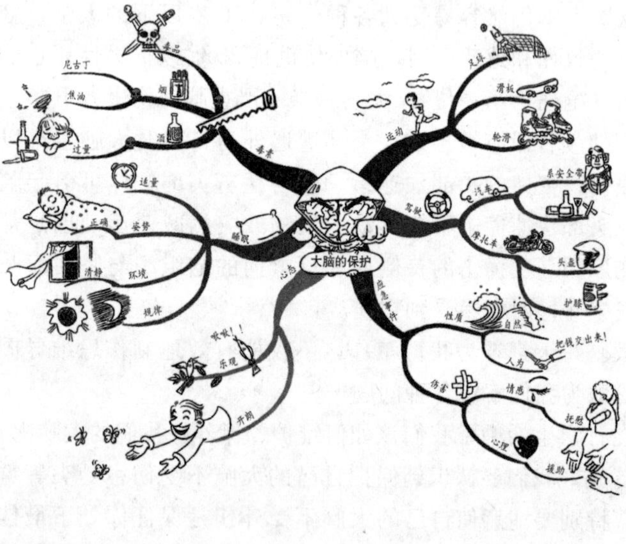

第三章　风靡全球的头脑风暴法

第一节　何谓头脑风暴法

美国学者 A. F. 奥斯本提出了头脑风暴法。

头脑风暴法原指精神病患者头脑中短时间出现的思维紊乱现象，病人会产生大量的胡思乱想。奥斯本借用这个概念来比喻思维高度活跃，因打破常规的思维方式而产生大量创造性设想的状况。

头脑风暴的目的是激发人类大脑的创新思维以及能够产生出新的想法、新的观念。

讲到头脑风暴还要提到一个人，那就是英国的大文豪肖伯纳，他曾经就交换苹果的事情，提出这样的理论：

假如两个人来交换苹果，那每个人得到的也就是一个苹果，并没有损失也没有收获，但是假如交换的是思想，那情况是绝对的不一样了。

假设两个人交换思想，两个人的脑子里装的可就是两个人的思想了。对于肖伯纳的理论，A. F. 奥斯本大表赞同。他认为，应该让人们的头脑来一次彻底性的革命，卷起一次风暴。

有这样一个案例：

美国的北方每年的冬天都是十分的寒冷，尤其是进入 12 月之后，大雪纷飞。这对当地的通讯设备影响严重，因为大雪经常会压断电线。

以往人们为了解决这一问题，都会想出各种各样的办法，但是没有一种能够成功，基本上都是刚开始有些效果，到最后还是没有办法战胜自然环境。

奥斯本是一家电讯公司的经理，他为了能解决大雪经常性的阻断通讯设备的数据传输，召开了一次全体职工的会议，目的就是想让大家开脑筋，畅所欲言，能够解决问题。

他要求大家首先要独立思考，参加会议的人员要解放自己的思想，不要考虑自己的想法是多么可笑抑或是完全行不通；

其次，大家发言之后，其他人不要去评论这个想法是好还是不好，发言的人只管自己发言，而评断想法值不值得借鉴的话，最后交给高层的组织者；

再次，发言者不要过多地考虑发言的质量，也就是自己提出来的想法到底有多大的可行性，这次会议的重点就是看谁说的多。

最后，就是要求发言的人能够将多个想法拼接成一个，优化资源，尽可能的想出一个效果最为突出的解决办法。

说完规定之后，参加会议的员工便积极地议论起来，大家纷纷出招。有的人说要是能够设计一种给电线用的清扫积雪的机器就好了。可是怎么才能爬到电线上去，难道是坐飞机拿着扫把扫吗？这种想法提出来之后，大家心里都觉得不切实际。

过了一会儿，又有人通过上面提出的坐飞机扫雪想到可不可以利用飞机飞行的原理，让飞机在电线的上空飞行，通过飞机的旋桨的震动，把电线上的积雪扫落下来。就这样，大家通过联想飞机除雪的点子，又接着发散思维想到用直升机等七八种新颖的想法。就这样仅仅一个小时的时间，参加会议的员工就想到九十多种解决的办法。

不久公司高层根据大家的想法找到了专家，利用类似于飞机震动的原理设计出了一种类似于“坐飞机扫雪”原理的除雪机，巧妙地解决了冬天积雪过厚，影响通讯设备正常工作的问题，还很聪明地避开了采用电热或电磁那种研制时间长、费用高的方案。

从研发除雪机的案例可以看到，这种互相碰撞的能够激起脑袋中的关于创造性的“风暴”，也就是所谓的头脑风暴，英文是brainstorming。虽然其原意是精神病人的胡言乱语，但是通过奥斯本的引用和应用，得到了广泛的发展和实施。

中国有句古话说：“三个臭皮匠，顶个诸葛亮”，对于那些天资一般的人，如果进行这样的互相补充，一样是可以做出不同凡响的成绩的。也正是奥斯本的头脑风暴的方法，从另外一个角度证明通过头脑风暴这种互相帮助、互相交流的形式，可以集思广益得到不同凡响的效果。

如果，我们要用思维导图法来表示的话，头脑风暴法可作为核心词汇放在中间。接下来，作为思维导图的二级分支，头脑风暴法按照不同的性质又可分成不同的类别。按照交流思想的形式可以分成：智力激励法、默写式智力激励法、卡片式智力激励法等等。

如果按照头脑风暴会议的处理形式分类的话，又可以分为直接和质疑的两种。前者是指在群体激发头脑思维的时候，仅仅考虑的是产生出更多更新颖的办法和想法，而不会去质疑或是否定某一个想法；而后者质疑的头脑风暴法，就是去之糟粕，取之精华，最终找到可行的方案办法。

说到分类，又不得不提出另外一个问题——如何解决群体思维。

群体思维是指在多数人商讨决策的时候，由于个人心理因素的问题，往往会产生大多数人同意于某个决策而忽视了头脑风暴

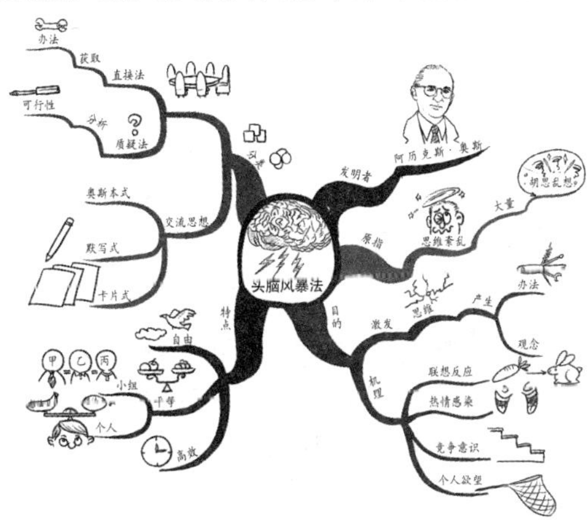

的本身。这样的话就会大大降低头脑风暴的创造力，同时也影响了决策的质量。

而头脑风暴法就是这样一个可以减轻群体心理弊端，从而达到提高决策质量的目的，保证了群体决策的创造性。

头脑风暴法的具体执行就是由相关的人员召开会议。在开会之前，与会的人员已经清楚本次的议题，同时告之相应的讨论规则。确保在相当轻松融洽的环境内进行。在过程中不要急于表达评论，使大家能够自由地谈论。

第二节　激发头脑风暴法的机理

头脑风暴作为一种新兴的思维方式，它又是如何发挥自己的优点，受到众人青睐的呢？通过奥斯本的研究发现，可以得出以下几个因素：

环境因素

针对一个问题，往往在没有约束的条件下，大家会十分愿意说出自己的真实想法，并很热情地参与到大家的讨论中。而这种讨论通常是在十分轻松的环境下进行的。这样的话会更大限度发挥思维的创造性，得到很好的效果。

链条反应

所谓的链条反应是指在会议进行的过程中，往往通过一个人的观点可以衍生出与之相关的多种甚至创新上更加出奇的想法。这是因为人类在遇到任何事物的时候，都会条件反射，联系到自身的情况进行联想式的发散思维。

竞争情节

有时候，也会出现大家争先恐后的发言情况。那是因为在这种特定的环境下，由于大家的思想都十分的活跃，再加上有一种好胜心理的影响，每个人的心理活动的频率会十分高，而且内容也会相当的丰富。

质疑心理

这是另外一个群众性的心理因素，简单地说就是赞同还是不赞同的问题，当某一个人的观念提出后，其他人在心理上有的是认同的，有的则是非常的不赞同。表现在情绪上无非是眼神和动作，而表现在行动上就是提出与之不同的想法。

第三节　头脑风暴法的操作程序

首先我们具体说一说如何利用头脑风暴法举行一次思想交流的会议。

1. **准备开始阶段**

我们要确定此次会议的负责人，然后制定所要研究的议题是什么，抓住议题的关键。

与此同时要敲定参加会议的人员人数，5～10 人为最好。等确认好人数和议题之后，就可以选择会议的时间、场所。然后准备好会议的相关资料通知与会人员参加会议就可以了。

在会议开始阶段，不易上来就让大家开始讨论。这样的话，与会人员还未进入状态的情况下，讨论的效果不会很好，气氛也不会很融洽。所以我们先要暖场，和大家说一些轻松的话题，让彼此之间有些交流沟通，不会显得生分。

在大家逐渐进入状态后，就可以开始议题了。

此时，主持人要明确地告诉参加会议的人员，本次的议题是什么。

这段时间不要占用的太多，以简洁为主。因为过多的描述在一定程度上会干扰大脑的思考。

之后大家就可以开始讨论了。

在进行一段时间的讨论后，大家往往会有更多的关于议题的想法，但弊端是，有可能只是围绕着一个方向发散思维。这时主持人可以重新明确讨论议题，使大家在回味讨论的情况下重新出发，得到不同的方向。

2. **自由发言阶段**

也叫畅谈阶段。畅谈阶段的准则是不允许私下互相交流，不能评论别人的发言，简短发言等。在这种规定之下，主持人要发挥自己的能力，引导式的让大家进入一种自由的讨论状态。

此外要注意会议的记录。随着会议的结束，会议上提出的很多新颖的想法要怎么处理呢？

以下是一些处理方法：

在会议结束的一两天内，主持人还要回访参加会议的人员，看是否还有更加新颖的想法之后整理会议记录等。然后根据解决方案的标准，对每一个问题进行识别，主要是是否有创新性，是否有可施行性进行筛选。经过多次的斟酌和评断，最后找到最佳方案。这里说的最佳方案往往是一个或多个想法的综合。

除了头脑风暴法之外。其实还有很多种类似于这样的优势组合，下面我们就来看另外几种头脑风暴法，即美国人卡尔·格雷高里创立的 7＊7 法、日本人川田喜的 KJ 法、兰德公司创立的德尔菲法。

而这些方法主要有以下过程：

首先从组织上讲，参加的人员不要太多，5～10 人最好，而且参加者不要是同一专业或是同一部门的人员。

而这些与会的人员如何选定呢？不妨建立一个专家小组来进行选定，而这个专家小组不但负责挑选参加会议的人员还要监督会议。

选择参加人员的主要标准：

（1）如果彼此之间互相认识，不能有领导参加，不能有级别的压力。应选择从同一职别中选择；

（2）如果参加的人互相不认识，那就可以不用考虑同一职位了。但是在会议上不能够透露出来职位大小，因为这样也会造成与会人员的压力；

（3）对应不同的议题，要选择不同程度的人员。而专家组的人员最好是阅历比较丰富，层次比较高的人，因为这样的话，会保证决策结果的可行性高。

下面就具体谈谈专家人员的组成成分：

首先主持人应该是懂得方法论的人，这样会更好的调动会议气氛；参加会议的人员应该是涉及讨论议题领域的专家，这样针对性就会很强；后期分析创新思维的人，应该是专业领域更高级别的专家，他们会从非常专业角度来客观正确的分析这些想法。最后可以决策最终可执行方案的人，应该是具备更高的逻辑思维能力的专家。

为什么对于专家组的要求这么高呢？那又为什么不同能力的专家负责不同的事情呢？

这是因为在头脑风暴的会议上，与会者大都是思维敏捷的人。他们往往在别人发言的时候，心里已经开始想到其他的设想了。所以在这种高频率的情况下，需要这种专家的参与，并且能够集大家之长，得到更好的决策。

说完专家组了，再谈谈头脑风暴会议的指挥——主持人。

主持人的要求应该是从他自身敏捷的思维说起。主持人不但要了解和熟悉头脑风暴的程序以及如何处理会议中出现的任何问题，还要能激发大家对议题的兴趣，懂得多用些询问的方法，让大家有种争分夺秒的感觉。

此外，主持人还要负责开场时的暖场，鼓励与会者的发言，引导参加会议的人员往更远更广的地方开始发散的思维，因为只有这样，方案出现的概率才会越大。

值得注意的是主持人的职责仅限于会议开始之初。

因为接下来更重要的工作就是如何记录，如果有条件的话应该准备录音笔，尽量不落下每个细节。

收集上来的想法和观点就可以通过分析组来进行系统化的处理。

系统化处理的流程如下：

（1）简化每一个想法，简言之就是总结出关键字进行列表；

（2）将每个设想用专业的术语标志出关键点；

（3）对于类似的想法，进行综合；

（4）规范出如何评价的标准；

（5）完成上面的步骤之后，重新做一次一览表。

3. 专家组质疑阶段

在统计归纳完成之后，就是要对提出的方案进行系统性的质疑加以完善。这是一个独立的程序。此程序分为三个阶段：

第一个阶段：将所有的提出的想法和设想拿出来，每一条都要有所质疑，并且要加上评论。怎么评论呢？就是根据事实的分析和质疑。值得提出的是，通常在这个过程中，会产生新的设想，主要就是因为设想无法实现，有限制因素。而新的议题就要有所针对地提出修改意见。

第二个阶段：和直接头脑风暴的原则一样，对每个设想编制一个评论意见的一览表。主持人再次强调此次议题的重点和内容，使参加者能够明白如何进行全面评论。对已有的思想不能提出肯定意见，即使觉得某设想十分可行也要有所质疑。

整个过程要一直进行到没有可质疑的问题为止，然后从中总结和归纳所有的评价和建议的可行设想。整个过程要注意记录。

第三个阶段：对上述所提出的意见再次的进行删选，这个过程是十分重要的，因为在这个过程中，我们要重新考虑所有能够影响方案实施的限制因素，这些限制因素对于最终结果的产生是十分重要的。

分析组的组成人员应该是一些十分有能力，而且判断力高的专家，因为假如有时候某些决策要在短时间内出来的话，这些专家就会派上很大的用处。

关于评价标准，我们先看个案例：

美国在制定科技规划中，曾经请过 50 名专家用头脑风暴的形式举行了为期两周的会议，而这些专家的主要任务就是对于事先提出的关于美国长期的科技规划提出些批评。最终得到的规划文件，其内容只是原先文件的有25％～30％。由此可见经过一系列的分析和质疑，最后找到一组可行的方案，这就是头脑风暴排除折中的方法。

此外，值得我们注意到是，影响头脑风暴实施的因素还有时间、费用以及参与者的素质。

此处可作为思维导图的二级分支。头脑风暴成功的关键是探讨方式以及放松心理压力等。要在一个公平公正的情况下，才能有无差别的交流，思想碰击也就更大了。

首先，与会者能够在一个公平公正的前提下进行交流，不要受任何因素的影响，从各个方面进行发散式的思维，可以大胆的发言。

其次，就是不要在现场就对提出的观点进行评论，也不要私自交流。要充分保证会议现场自由畅谈的状态，这样与会的人员才能够集中精力思考议题，能够得到更多的想法。

再次，不允许任何形式的评论，因为评论会抑制其他人的思维发散，从而影响整个会议的发展趋势。可能有些人会谦虚地表达自己的意思，但是一旦受到质疑，就会造成发言人的心理压力，得不到更多的提议了。

最后，就是在头脑风暴的会议上一定不要限制数量。本着多

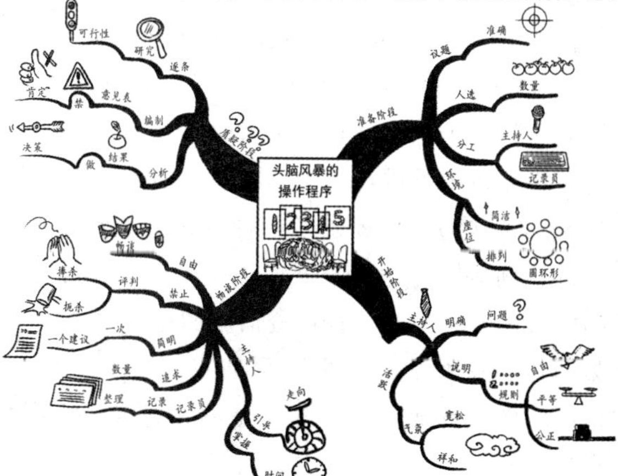

多益善的原则，在不评论的前提下都留到最后进行分析。这样数量越多，质量也就会提高，这是一个普遍的道理。

第四节 头脑风暴法活动注意事项

参与会议的人员需要注意以下事项：

（1）要对整个会议进行初步的设想，对于你要参加的议题要有所了解。不要觉得你的发言就能得到所有人的赞同。

（2）不要对参加会议的人员有个人情绪，对每个人的发言都要公平，不要以个人的原因而去质疑或是指责别人的想法。

（3）为了使与会者不受任何的影响，最好在一个十分干净的房间内举行会议，使大家不受外界因素的干扰。

（4）要对自已有心理暗示。你的提议不是没有用的，恰恰相反，也许正是你的提议成为最后的决案。

（5）假如你的提议没有被选中或是得不到别人的认同，也不要失落，不要去坚持。把它看作是整个头脑风暴的原材料。

（6）在你思考了一段时间后，很有可能你的脑力已经坚持不住了。你可以选择出去散步，吃点东西等，缓解自己的这种压力，从而整理思绪重新参与到团队中来。

最后，要学会记笔记，因为有些细节很可能在你听的时候就遗漏掉了，所以用笔记录是十分重要的步骤。千万不要忽略了这一步。

以上即是进行头脑风暴法的注意事项，如果想使头脑风暴保持高的绩效，必须每个月进行不止一次的头脑风暴。

头脑风暴思维法为我们提供了一种有效的就特定主题集中注意力与思想进行创造性沟通的方式，无论是对于学术主题探讨或日常事务的解决，都不失为一种可资借鉴的途径。

学会如何进行头脑风暴，可以帮助我们激发自身的创造力，把我们的最好的创意变成现实，并享受创新思维的无限乐趣，让生活更有意义。

第二篇

唤醒创造天才

第一章　施展大脑的创新力量

第一节　创新思维的特征

1. 创新思维的定义

创新思维是一种不受常规思维束缚，寻求全新独特的解决问题的方法的思维过程。创新思维是相对于传统思维的新思维，就是我们常说的创造性思维，是每个人天生就拥有的。但是，却不是人人都能够娴熟地使用它。因为，大部分的创新思维在我们接受教育的过程中被埋没了。

我们知道，小孩的创新思维表现在胡思乱想和丰富的想象力上。但是，如果一个小孩子问她的幼儿园老师："老师，如果天上有一个太阳，那会不会有两个呢?"不负责任的老师通常都会斥责孩子"国无二君，天无二日"之类的意思，至少也会说一句"胡说"。孩子的创新思维就这样一次次被打压磨灭，直到完全陷入常规性思维。

其实，在无垠的宇宙里，银河系只是一条小河，太阳不过是一颗小小的鹅卵石。小河里不止一个鹅卵石就是常规思维所能够理解的了。

传统思维和常规性思维主导了大部分人，为我们的生活带来了一定的便利，但是，却也在一定程度上，阻碍了我们前进的步伐。

2. 创新思维的作用

创新是一个民族进步的灵魂，是国家兴旺发达的不竭动力。迎接未来科学技术的挑战，最重要的是坚持创新，勇于创新。

爱因斯坦也说过：“没有个人独创性和个人志愿的统一规格的人所组成的社会将是一个没有发展可能的不幸的社会。”

管理学大师德鲁克也说：“对企业而言，要么创新，要么死亡。”可见，创新的重要性。而创新当然来自于有着创新思维的人。

(1) 创新思维是创新实践的前提。

“思路决定出路，格局决定结局。”有了创新思维才能走出创新的道路。同样，错误的思维就会走上错误的道路。

当年，泰坦尼克号之所以会沉船并且几乎全员覆没，全因为管理层的错误思维。管理层认为巨大的船是不会沉船的，于是几乎没有考虑任何防护措施。没有带望远镜，于是没有看到远处的冰山，肉眼看到时已然扭转无力。正是因为船太大，于是转弯不便。救生艇和救生衣数量的严重缺乏，导致大多数人几乎没有逃生的可能性。这是错误思维引领人走上错误道路的一个例证。

(2) 创新思维是参与竞争的制胜法宝。

这个社会是相互竞争的社会，资本则是特色、创新、点子、思路。尤其是在企业竞争当中，更需要创新思维。

某国有家公司，专门生产牙膏。牙膏包装精美，品质精良，深受消费者喜爱。

记录显示，前年营业增长率均为10%～20%，但在第二年后，增长停滞。董事部门非常不满意，于是决定召开全国经理及高层会议。会议中有位年轻经理对董事提出了一条建议，并收费五万元。董事虽然非常生气，却依然买下建议。

果然，公司在三年停滞不前后，第四年的营业额增加了32%。这条建议是什么呢？很简单，扩大牙膏开口一毫米。人人多用一毫米，数量不可估量。脑袋开口一毫米，就是创意。如果企业摒弃一毫米，就会丧失进步的机会。

创新思维是企业竞争的法宝，有创新思维的人是企业的重点人才和制胜法宝。

（3）创新思维是高素质人才的重要组成部分。

高素质人才当中最缺乏的是有创新思维的人才。有创新思维的人才，才能让社会、国家持续前进发展，才能带领企业突破瓶颈。培养创新思维人才，是教育的重要课题。

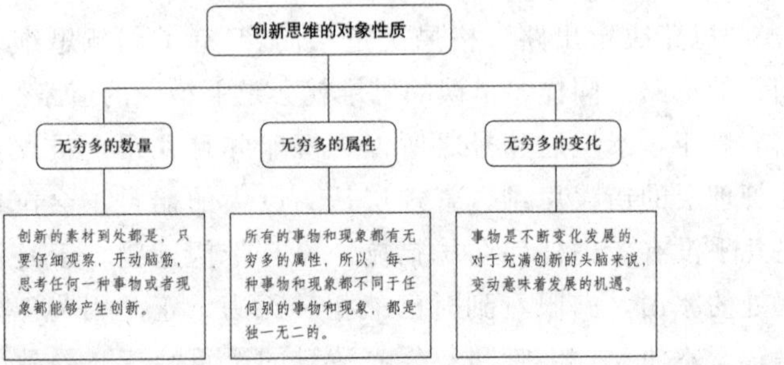

（4）创新思维能够应用到各行各业中去。

无论学习、教书、改革开放或是职场生涯，创新都会对我们产生作用力。

A、B从同一所大学毕业去同一家公司上班，两年后，老总让B升职。A心里不平衡，他想，一起来工作的两个人，都很努力，为什么提拔B却不提拔我。一定是老总偏心。

于是A去找老总理论："你吩咐我的每项工作我都踏踏实实完成了，为什么你却只提拔B不提拔我呢？我感到很委屈。"老总并没有正面回答A的问题，而让他去楼下自由市场看看是否有东西卖。不久，A回来答复。

A："老总，楼下有个推手推车的农民在卖苹果。"

老总："苹果怎么卖？"

A："我去看一下。"

A："2元一斤。"

老总："那一车有多少斤呢？"

A又下楼回来。

A："大概300来斤。"

老总："如果全部都要，最便宜能多少钱呢？"

A再次下楼。

A："如果您全部都要的话，他可以1.2元一斤给您。但是，您要这么多苹果干嘛？"

老总还是不说话，他喊B过来，让他去做同样的事情，问B同样的问题，然而B与A的做法不同，他一次性将所有问题做好准备，流利地回答了出来。

A目睹这一过程立即知道自己与B的差距在哪里。摒除职场经验不谈，有创新思维，能够自觉正确地理解老总的意图，联想事情的发展，这种人才必然能够立足于各个企业。

3. 创新思维的特征

（1）新。

新是创新思维的第一特征，也是最根本的特征之一。

没有变化、没有差异的思维是旧思维，但旧思维也可能是曾经的新思维。只是因为在某一时间点上没有继续创新，所以就变旧了。

"新"就是有新意，能够给人带来新鲜感，是新思路、新点子，是一种新的考量方式等。

（2）差异性。

差异性是创新思维最大的、最根本的特征之一。

创新思维就是与众不同的思维，它能够用与众不同的语言、行为、方式表现出来。有差异才能有新意。

如“水能载舟亦能覆舟”，网络上有流行语将之改成：“水能覆舟，亦能煮粥”。改动两个字，意思却大大的不同了，这就是差异性产生的效果。

（3）变化性。

变化性也是创新思维的根本特点之一。

无论新意还是差异都需要通过不断地改变来实现。旧的东西也需要通过改变来变成新的。

（4）现实性。

虽然思维、创新等概念似乎都是看不见摸不着虚无缥缈的东西，但创新思维依然具有现实性特征。从另一方面看，它其实是实实在在的存在于人们的生活当中，通过人们的言行举止、学习、工作、生活表现出来，并且几乎人人都有思维创新的经历。

比如，上下班高峰期的地铁公车常常人满为患，扶手不够，有人就把旧牙刷用开水烫弯，弯成弯钩形状，坐车时便能临时使用。

（5）开放性。

“开放”就是让思想冲破牢笼，没有顾忌地飞翔。开放的对立面是封闭。封闭的环境会扼杀产生的创新思维。

（6）间断性和连续性。

这是人的思维的特征。一个正在思考问题或专心说话的人，一旦被打断，便很难再续上去。这就是思维的间断性表现。如果在创新的过程中遭遇困难、风险，遇到危机，甚至会损害自身利益，创新思维就会被中断。当然，如果在思维创新上不思进取，创新自然难以为继。

第二节　激发潜伏在体内的创新思维

创新思维是人类才有的高级思维活动，是成为各种出类拔萃的人才所必须具备的条件。心理学认为：创新思维是指思维不仅能提示客观事物的本质及内在联系，而且还能产生新颖的、具有社会价值的前所未有的思维成果。

即使遗失了与生俱来的创造性思维，我们也可以通过运用心理学上的“自我调节”，有意识地在各个方面认真思考和勤奋练习，重新将创造性思维找回来。卓别林说过：“和拉提琴或弹钢琴相似，思考也是需要每天练习的！”

张开想象的翅膀

爱因斯坦曾经说过：“想象力比知识更重要，因为知识是有限的，而想象力概括着世界的一切，推动着进步，并且是知识进化的源泉。”

他之所以能研究出“狭义相对论”，便是因为他在孩童时期便常常幻想自己同光线赛跑。而世界上第一架飞机也来自于人们想要像鸟类一样飞翔的梦想。幻想是创造性想象的一种特殊形式，适当的幻想能够引导人们发现新事物，做出新努力、新探索和创造性的劳动。

大部分人终其一生只运用了大脑想象区大约15%的空间，开发这个空间应该从想象开始。想象力是人类运用储存在大脑中的信息进行综合分析、推断和设想的思维能力。

培养发散性思维

发散思维的含义是指一个问题假如存在着不止一种答案，就要通过思维的向外发散，找出更多妥帖的创造性答案。

“涉猎多方面的学问可以开阔思路……对世界或人类社会的事物形象掌握得越多，越有助于抽象思维。”1979年诺贝尔物理学奖金获得者、美国科学家格拉肖启发我们。

当我们思考砖头有多少用途的时候，充分运用发散性思维可以给出我们如此多的答案：建筑房屋、铺路、刹住停靠在斜坡的车辆、砸东西、压纸、垫高、防卫的武器……这就是发散思维的力量！

想象和幻想的区别

· 想象

想象是人在头脑里对已储存的表象进行加工改造，形成新形象的心理过程。它是一种特殊的思维形式。

· 幻想

幻想同想象不同，是指人内心荒谬的想法。

发展直觉思维

顾名思义，直觉思维是指不经思考分析的顿悟，是创造性思维活跃的表现之一。

物理学家阿基米德在跳入浴缸的时候，注意到浴缸溢出水的体积大约等同于身体入水部分的体积，灵光一闪，发现了"阿基米德定律"，即比重定律。

达尔文在观察植物幼苗生长的过程中，发现幼苗顶端向太阳照射的方向弯曲，推测出可能是由于其顶端含有某种物质，在光照的作用下，转向背光一侧。后来，在达尔文的基础上，科学家作了反复研究，才找到这种植物生长素。

在学习过程中，直觉思维可能表现在许多方面，比如大胆的猜测，急中生智的回答，或者新奇的想法和方案等。在发现和解决问题的过程中，我们要及时留住这些突然闯入的来客，努力发展自己的直觉思维。

培养思维的独创性、灵活性和流畅性

创造力建立在广博的知识基础上，包括三个因素：独创性、灵活性和流畅性。

对刺激做出不同寻常的反应是思维的独创性，能流畅地作出反应的能力是流畅性，而灵活性是指随机应变的能力。

在上世纪 60 年代，美国心理学家曾经对大学生进行自由联想与迅速反应训练，要大学生针对迅速抛出的观念，作出最快的反应。速度越快，讲得越多，表示流畅性越高。这种疾风骤雨式的训练，非常有益于促进创造性思维的发展。

培养强烈的求知欲

人类对自然界和自身存在的惊奇是哲学的起源。

阿基米德的直觉思维

练习创新思维的五个方法

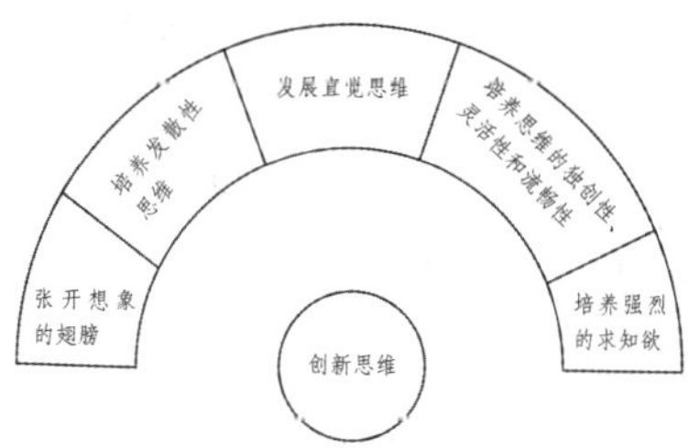

古希腊哲学家柏拉图和亚里士多德认为，当人们在对某一问题具有追根究底的探索欲望时，积极的创造性思维由此萌发。精神上的需求是产生求知欲的基础。我们要有意识的设置难题或者探索前人遗留的未解之谜，激发自己创造性学习的欲望。把强烈的求知欲望转移到科学上去，不断探索，使它永远保持旺盛。这样才能使自己在学习过程中积极主动地“上下求索”，进而探索未知的新境界、新知识，创造前所未有的新成就。

第三节　创新思维与企业创新

首先看一个案例：

【案例】海尔小小神童洗衣机

无论各行各业，都存在着旺季与淡季之分，洗衣机厂也不例外。一般说来，洗衣机的销售淡季主要是每年的8～9月份，也就是夏季最热的时候。每当遭遇淡季，各大洗衣机厂便召回销售人员以减少成本，并且被动等待旺季到来。

海尔工作人员通过分析发现，夏季恰恰是人们最需要洗衣服的时节，大部分人都有天天洗澡日日更衣的习惯，可是为什么洗衣机反而没有市场呢？

结论是，虽然人们换洗衣服勤快，可夏季衣服通常较薄，而洗衣机容量又太大，常洗小件衣服既费水又耗电还不容易清洁干净。

根据以上情况，海尔人开发出了容量为1.5千克的“小小神童”洗衣机，不但满足了消费者的需求，也消除了洗衣机市场的淡季之说。

后来，海尔还研制出不用洗衣粉的洗衣机，“洗净比”甚至高于普遍使用洗衣粉的洗衣机，病菌杀灭率也非常高，最让人无法抗拒的是海尔的洗衣机都很有特色，操作非常简单人性化，难怪成为行业翘楚。

企业发展需要创新思维。其实，创新思维与企业之间是相互联系相互促进的，不但企业发展需要创新思维，创新思维也能够推动企业的发展。

下面就来具体分析企业和创新思维之间的相互关系：

1. 企业发展需要创新思维

企业发展需要创新思维，这是因为：

(1) 创新思维能给企业带来进步技术。市场结构和技术领

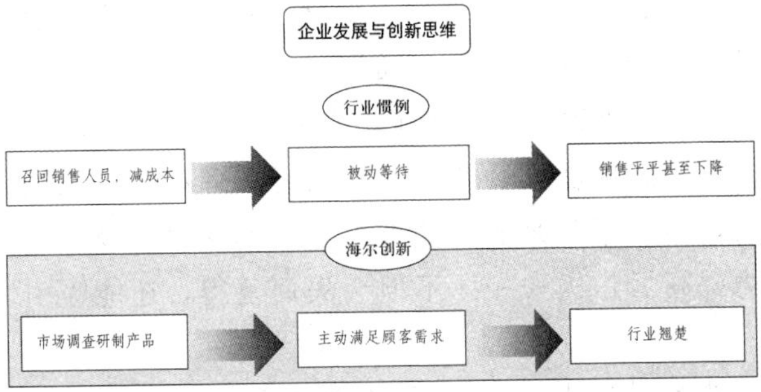

域发生了翻天覆地变化的现代，企业必须创新才能适应市场以及创造利润。

（2）创新思维是市场的推动力。企业需要不断地变革创新，来适应产品周期的兴衰或市场的产业结构变动，以确保在新的经济环境的挑战中，不断进步。

（3）企业的创新与国家政策紧密相连。如果想加快企业发展，获得更多市场份额，就要时时关注国家政策的要求。

（4）创新思维是促进企业内部发展的必要条件。企业的更快更好发展带来的福利和待遇的提高，是企业内部每一个成员的期望。创新是企业发展的不竭源泉。

2. **创新思维能推动企业的发展**

技术创新思维和管理创新思维是企业创新的重要组成部分，它们能够巩固和发展企业竞争力、企业生命力、企业文化等。

企业创新思维包括：创造新产品或将原有产品赋予新的功能；采用新方法；开辟新市场；获得新供给来源；实行新的企业组织形式；实施新的管理实施办法；使用新的人才录用机制等。

（1）管理创新思维为什么能推动企业发展？

管理创新思维能够有效地整合人力资源、让企业最大限度发挥人力作用从而起到推动企业发展的作用。

管理创新思维可以推动企业的市场竞争力。改革开放后，敢于运用创新思维进行改革的企业得到了长足的发展。

管理创新思维可以推动企业文化。有了创新思维就会对不符合企业发展的企业文化提出质疑，然后进行调整，能丰富和完善企业文化，促进企业员工了解企业文化，加大归属感。

管理创新思维能推动企业凝聚力。管理创新思维能给企业带来生机，给员工带来实际利益，企业的凝聚力就加强了。企业凝聚力提高后，优秀人才不但会失而复得，还能吸引大批外来人员。

(2) 技术创新思维为什么能推动企业发展？

技术创新思维包括新技术的引用、新设备的投入、新产品的设计等，极大地推动着企业在科技技术发展、新技术产品开发和新业务的拓展等方面的新成就。

技术创新思维能够促进产品不断创新，跟随市场需求变动，在激烈的竞争中提高市场占有率，从而锻炼企业的技术队伍，提升企业的技术实力，增强企业的核心竞争力。

技术创新思维运用到企业的创新技术人才管理和新技术开发及引进方面，能够使企业始终保持强势的核心竞争力和旺盛的生命力。

技术创新思维能够在企业进行新技术开发和引进的时候，引发成员的危机感，促使他们学习新知识来适应企业的人才需要，而企业必须招揽能够尽快适应新技术的优秀人才，从而推动企业的人力资源管理。

创新思维从人事制度、企业文化、技术知识、财务等各方面全方位地推动着企业竞争力的加强和发展，巩固着企业在市场竞争中的地位，保持企业旺盛的生命力。

【案例】上海通用汽车的柔性化生产模式

几乎中国所有的汽车工厂都是采用一个车型、一个平台、一条流水线、一个厂房的生产方式。但是上海通用却实现了在一条生产线上共线生产四种不同平台的车型，这种生产方式叫做“柔性化”生产方式。

与此方式相配备的是严格而规范的采购系统，科学严密的物流配送系统，以市场为导向的高度柔性化生产系统，以及以客户为中心的客户关系管理系统，这些配备共同组成了柔性化生产管理模式，为厂家和消费者带来了最直接的利益——金钱与时间。

柔性化生产管理模式多年来深入了上海通用企业管理的每一个环节，这也是通用汽车占据汽车市场极大份额的原因。

企业创新的三种方法

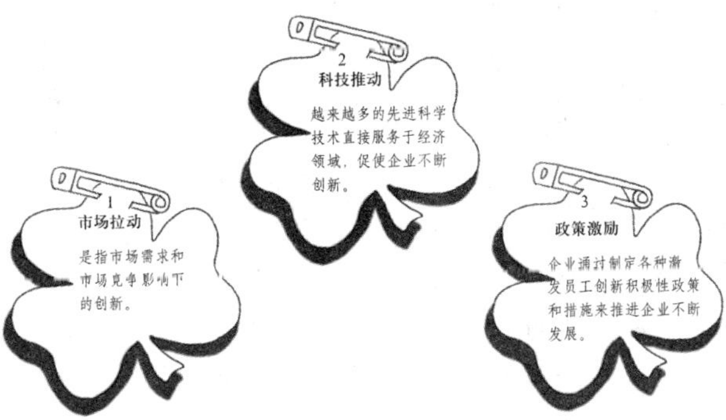

第四节　创新思维与社会创新

首先，了解什么是社会创新。

社会创新是指可以实现社会目标的新想法，通过发展新产品，新服务和新机构来满足未被满足的社会需求。社会创新的过程是国家政府、城市以及企业通过设计和开发新的有效方法，应对城市扩张、交通堵塞、人口老龄化等一系列迫在眉睫的必须解决的问题的过程。

（1）人口老龄化。

当老年人在总人口的比例中占了绝大多数或者有了很大比例的上升，就需要有新的如养老金和护理等方法、形式甚至法律来保障老年人的利益，改善他们的生活境况。

（2）差异文化。

世界上不同文化、民族、国家甚至不同城市之间，都具有差异性，这些差异性容易造成彼此的冲突和憎恶。因此，我们需要以创新的方式来进行文化教育和语言学习，来促进不同地域文化间的和谐。

（3）医疗部门。

传统的医疗部门在抑制慢性病发生率和急性病转化成慢性病的过程中，并未发挥出完善的作用。因此，越来越多的人开始认识到创新的必要性。

（4）个人不良习惯的治疗。

传统的方法对于解决吸烟饮酒、赌博、肥胖和不良饮食习惯等“富贵病”常常束手无策，这些大多由于富裕引起的行为问题正在等待创新。

（5）环境问题。

二氧化碳排放量超标导致的全球变暖，人类乱砍滥伐造成的热带雨林面积的剧减，都使气候发生了不可逆转的变化。如何重新调整交通系统，重组城市布局和住房体系，来适应这种状况，各界都在等待合适有效的创新方法。

创新活动必然需要机构、组织或个人来发起，那么哪些机构、组织或个人掌握了发起社会创新的先天条件呢？

实现社会创新并不是一件容易的事情，总会遇到来自各方面的阻力。这些阻力使社会创新无法成功实现，也可以看成社会创新失败的原因。

具体表现在：

（1）里昂那多效应。

很久以前，有一个叫里昂纳多的人，他总是会有一些奇怪的想法，例如插上翅膀就可以成为飞人等。但这在他所处的时代无法实现，并且违反了物理学原则。

虽然人们天生就具有创造力和好奇心，但是社会创新并不总是简单易行，应该说社会创新的实现是非常有难度的。特别是那些远远超过现有科技水平、像直升机那样高高在上的想法。人们将这种情形称之为“里昂那多效应。”

（2）不适宜的环境。

可保证的法律制度与开放的媒体和网络是实现社会创新的关键因素。商业环境中的社会创新通常会因为资本垄断受阻；政治和政府方面的社会创新活动通常被党派竞争所阻；社会机构可进行的社会创新活动则通常因为私心和经验不足而受阻。

（3）失败的规律。

社会创新同商业和科技领域里的多数创新一样，通常失败次数比成功的次数多得多。

（4）社会创新实行者的错误想法。

政府或公共部门对新想法通常会保持谨慎的态度，因为他们责任在身，并且是在用稳定性为人们的生活提供依靠（比如交通等系统和福利发放部门）。大多数的公共服务和非营利组织，通常会集中精力运用管理来提高现有模式的水准，而并非采取新想法。因此，社会创新实行者对政府反应迟缓的错误想法也会影响他进一步改善自己的想法，以至于影响社会创新活动的顺利实施。

（5）缺乏耐性。

显然，缺乏耐性的创新活动领导者很难将任何一件事情真正打理成功。

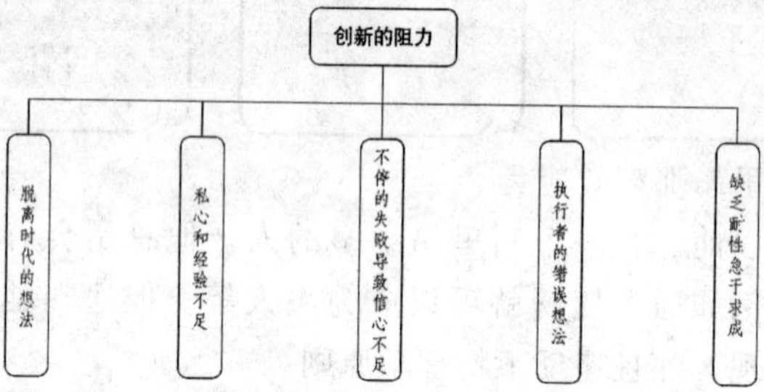

第二章　心理制胜：改变始于自己

第一节　以“己变”应万变

对于每一件事物，我们都应该首先去认识事物的性质和特点，然后再根据实际情况来调整改变自己的思路和行为方式。只有如此，我们才能在顺应事物变化的同时，驾驭变化，走向成功。

现代社会，瞬息万变。如果我们的思维不能顺时而变、顺势而变，那么生存的空间可能就会很小。

动物学家们在做青蛙与蜥蜴的比较实验时发现：

青蛙在捕食时，四平八稳、目不斜视、呆若木鸡，直到有小虫子自动飞到它的嘴边时，才猛地伸出舌头，粘住飞虫吃下去。

之后，它又开始那目不斜视的等待。看得出来，青蛙是在“等饭吃”。而蜥蜴则完全不同，它们整天奔忙在私人住宅区、老式办公楼、蓄水池边等地方，四处游荡搜寻猎物。一旦发现目标，它们就会狂奔猛追，直到吃到嘴里为止。吃完后，它们在略事休息，喝口水后，就整装待发，又去“找饭吃”了。

我们不妨将青蛙与蜥蜴的捕食方法当作两种不同的处世风格。

青蛙的捕食方法也有可能会吃饱，但它对环境的依赖性过高，不能对随时变化的环境做出迅速的反应，池塘一旦干涸了，青蛙也就消失了；而蜥蜴的方法却很灵活，它们能够快速适应变化了的环境，所以，即使这一片池塘干涸了，蜥蜴仍能够活跃在另外一个池塘边。

曾有一位哲人说过：“如果你不能阻止环境的变化，那么就改变自己，去适应它吧。”

改变了自己，相当于为自己提供了更多的生存机会，为职场发展扫除了诸多障碍，为事业的成功增添了砝码。

1930 年，日本初秋的一个清晨，一个只有 1.45 米的矮个子青年从公园的长凳上爬了起来，徒步去上班，他因为拖欠房租，已经在公园的长凳上睡了两个多月了。他是一家保险公司的推销员，虽然工作勤奋，但收入少得甚至租不起房子，每天还要看尽人们的脸色。

一天，年轻人来到一家寺庙向住持介绍投保的好处。老和尚很有耐心地听他把话讲完，然后平静地说：“听完你的介绍之后，丝毫引不起我投保的意愿。”

“人与人之间，像这样相对而坐的时候，一定要具备一种强烈吸引对方的魅力，如果你做不到这一点，将来就不会有什么前途可言……”

从寺庙里出来，年轻人一路思索着老和尚的话，若有所悟。接下来，他组织了专门针对自己的“批评会”，请同事或客户吃饭，目的是请他们指出自己的缺点。

“你的个性太急躁了，常常沉不住气……”

“你有些自以为是，往往听不进别人的意见……”

“你面对的是形形色色的人，必须要有丰富的知识，所以必须加强进修，以便能很快与客户找到共同的话题，拉近彼此之间的距离。”

……

年轻人把这些可贵的逆耳忠言一一记录下来。每一次“批评会”后，他都有被剥了一层皮的感觉。通过一次次的“批评会”，他把自己身上那一层又一层的劣根性一点点剥落。

与此同时，他总结出了含义不同的 39 种笑容，并一一列出各种笑容要表达的心情与意义，然后再对着镜子反复练习。

年轻人开始像一条成长的蚕，随着时光的流逝悄悄地蜕变着。到了1939年，他的销售业绩荣膺全日本之最，并从1948年起，连续15年保持全日本销售量第一的好成绩。1968年，他成了美国百万圆桌会议的终身会员。

这个人就是被日本国民誉为“练出价值百万美金笑容的小个子”被美国著名作家奥格·曼狄诺称为“世界上最伟大的推销员”的推销大师原一平。

“我们这一代最伟大的发现是，人类可以由改变自己而改变命运。”原一平用自己的行动印证了这句话，那就是：有些时候，迫切应该改变的或许不是环境，而是我们自己。

有时想一想，顿觉人生如钓鱼。如果你固守在一个位置，用一套渔具、一个方法来钓，也许可以偶尔钓上来一条，但不会钓到大鱼，更不会有许多鱼上钩。

钓鱼的设备和方法要随着不同情况而有所改变。钓不同的鱼要用不同的鱼饵、不同长度的线；即使钓同一种鱼，依季节的变化，方法也不相同。鱼不会听从人的安排而上钩，但想钓上它来，就必须改变自己，以你的方式适应鱼的习性。

世界上的任何事情都不会完全按照我们的主观意志去发展变化。我们要获得成功，就首先得去认识事物的性质和特点，适时地调整自己。如果我们想当然地凭自己的想法去办事，就会像钓鱼不知道鱼的习性一样，注定要徒劳无功。

所以，做一切事、解决一切问题，我们都必须随着客观情况的变化而不断地调整自己，不断地采取与之相适应的方法，做到以“己”之变应万变，才能够在职场上立足，使自己的职业之树常青。

对此，你可以运用思维导图，针对自己的现状，画出你身上的优秀品质，以及需要改变和调整的地方。

第二节 谁来“砸开”这把“锁”

曾有这样一个故事，讲的是一个技术精湛、手艺高超的开锁专家，号称没有他打不开的锁。

于是镇里的人想捉弄一下这位专家，将他关在一个注满水的箱子里，并上了一把锁，请这位开锁专家表演“水中逃生”。

专家费了九牛二虎之力，用尽了所有的开锁方法，也没能将锁打开。为了不出生命危险，专家不能不认输，才得以将头探出水面换一换气。

看了专家表演的人无不哈哈大笑，原来，那把锁根本就没有锁死，只需轻轻一拉便可以打开了。

有些人读了这个故事只会淡然一笑，如果你能够读出故事背后的深意会更好。

为什么开锁专家没能打开这把未锁死的锁呢？其实，在他的头脑里已经存在了一把更为顽固的锁，使得他不会从另外一个角度去思考问题、解决问题。

那么，我们的头脑中是否也存在着各式各样的锁呢？

答案是肯定的。生活的习惯、传统的观念、定式的思维、专家权威的意见、对困难的畏惧，还有许许多多的锁，锁住了我们的思想，锁住了我们的智慧。

我们又应该怎么办呢？由谁来“砸开”这把“锁”？

答案是：自己。

创新，就需要有质疑的精神，敢于说“不”，只有敢于质疑，才能打开心头那把锁，才能开拓创新。

刚刚毕业不久的大学生敢于对权威企业咨询公司的调查结果说“不”，这是何等的胆量，随后，按照自己拟定的计划使企业走出困境，这又是何等的大智慧。这些，在杨少锋身上体现得淋漓尽致。

2002年秋季，在中国移动的强力阻击下，中国联通CDMA的销售在全国范围内陷入了历史性低谷。从5月份进入福州市场，到11月份CDMA销量才达2万多用户，其中数千部还是靠员工担保送给亲朋好友的。

与国内其他城市相比，这个成绩实在是拿不出手。联通本来是委托全球著名的一家专业咨询策划公司做的策划方案，但是根据这一方案在近一年内投进去的大量广告费都未起作用。

当时杨少锋所在的广告公司正在为福州联通做策划方案。当杨少锋看过那家全球著名策划公司的方案后，得出了四个字——“不切实际”。

被他评述为“不切实际”的公司成立于20世纪20年代，在全世界拥有70多家分支机构，是被美国《财富》杂志誉为“世界上最著名、最严守秘密、最有声望、最富有成效、最值得信赖和最令人仰慕的”企业咨询公司。

年仅24岁、大学刚毕业两年的杨少锋，竟然斗胆否定了这家公司的方案！因为他自己已经有了一套完整周密的营销计划。中国联通福建省公司的领导经再三权衡后，还是接受了他的计划。

杨少锋计划的最重要一步，就是提高CDMA在福州的认知度。他认为，通过媒体重新对CDMA进行包装是最好的渠道。之后，他们在报纸、电视等媒体上大量投放广告，使CDMA具备了极高的认知度。他紧接着开始了营销计划的第二步——公开“手机不要钱”的概念。通过赠送CDMA手机，使联通打下了坚定的市场基础。

杨少锋的方案获得了成功，因为根据用户与联通签订的协议，这批用户两年内将给联通带来将近7000万元的话费收入。

这一成就源于杨少锋突破了头脑中的那把锁，没有被传统观念和专家权威所束缚。这也说明了：只要能够“砸开”那把“锁”，更加实事求是，更加熟悉市场走势，就能够更好地开拓创新思路，做出一番不凡的成绩。

第三节　用“心”才能创“新”

总听到有人抱怨自己时运不佳，找不到任何开拓创新的时机。当看到别人有所成就时又会悔恨不已，殊不知别人的“新”是用“心”换来的。

凡事只有用心去做，才会激发出更多的智慧和想法；只要用心去做，就不会存在难以逾越的困境，创新就不是一件难事了。

日本是个服装王国，而独立公司则是这个王国中一颗格外耀眼的新星。独立公司不生产高档时装和名牌服装，而是独树一帜，专门为伤残人设计和生产各种服装，因此才在日本服装业占据了一席不可缺少的位置。

独立公司的老板是一位残疾妇女，名叫木下纪子。过去她曾经营过室内装修公司，而且在该行业颇有名气。

可是就在事业一帆风顺的时候，一场意外的疾病——中风，给了木下纪子毁灭性的打击。她的左半身瘫痪了。木下纪子痛苦过、颓废过，觉得再没什么希望了，甚至还想过自杀。

但是当她从极度痛苦中摆脱出来、冷静思考时，理智和意志终于占了上风：“必须振作起来，不能让这辈子就这样了结!”

然而，对于一个瘫痪的残疾人来说，要做成事业实在太难了。就拿穿衣服来说吧，这是每天必做的极小的一件事，而木下纪子却要非常吃力地花上数分钟或更长时间。“难道就不能设计出一种让伤残人容易穿脱的服装吗?”一个全新念头突然产生。一种要为和自己有同样遭遇的人解除不便的渴望重新燃起了木下纪子的事业心。

就这样，木下纪子根据设想和以往的经营管理经验，创办了世界上第一家专为伤残人设计和生产服装的公司——独立公司，专门产销“独立”牌服装。特意取“独立”这个名字，不仅向人们宣告伤残人的志愿和理想，同时也说出了木下纪子的心声——要走一条独立自主的生活道路，这是一个强者的选择。

独立公司开张后，生意非常兴隆，因为它确实抓住了一部分特殊人群的需要，找准了市场空当，更因为木下纪子是用一颗心来做这个事业的，每一点都可以体现出她的用心之处。木下纪子设计的服装看上去很普通，甚至不像伤残人穿的服装，而有点像时装。

对此，木下纪子有她的见解：伤残人很容易失去信心和勇气，服装的款式、面料及色彩讲究一些，不但能使伤残人穿着方便，也能增强他们的信心。更为重要的是，爱美之心人皆有之，伤残人何尝不想穿得漂亮一点！

木下纪子不仅是个意志刚强的女人，而且是一位具有发展眼光的企业家，她要把“独立”牌服装打进国际市场。这一计划不但得到了日本政府的支持，同时还得到了国外友人的帮助。后来，木下纪子与美国一家同行组成一个合资公司，在美国生产和销售“独立”牌服装。就连艾威琳·肯尼迪这位名门望族的后裔，也远道而来，与木下纪子协商业务合作事宜。为了扩大出口，日本政府还以政府的名义出面帮助木下纪子在美国、加拿大和澳大利亚等国举办独立公司的大型展览会。通过这种展览、展销，独立公司在国外迅速名噪一时，木下纪子的事业走向了辉煌。

木下纪子是个有心人，更是用心人。“残疾人”的身份使她更能设身处地去为客户着想，因为她的用心，才把事情做到了细微之处，同样因为用心，她才把事业做得伟大。

生活中并不缺乏创新的机遇，而是缺乏用心之人。只要你用心地去观察、去思考，就一定能够抓住创新的良机。

第四节　没有解决不了的问题，只有还未开启的智慧

工作中，我们总会碰到各种各样看似无法解决的问题。这些问题就像拦路虎，挡住了我们的去路，使我们战战兢兢，不敢前行一步。也许我们努力了，但还是无法成功，于是更多的人选择了放弃，并安慰自己：算了吧，这是一个解决不了的问题，我还是不要再浪费时间了吧。

但是，问题真的解决不了吗？情况似乎并不是这样的。

詹妮芙·帕克小姐是美国鼎鼎有名的女律师。她曾被自己的同行——老资格的律师马格雷先生愚弄过一次，但是，恰恰是这次愚弄使詹妮芙小姐名扬全美国。

事情是这样的：

一位名叫康妮的小姐被美国"全国汽车公司"制造的一辆卡车撞倒，司机踩了刹车，卡车把康妮小姐卷入车下，导致康妮小姐被迫截去了四肢，骨盆也被碾碎。康妮小姐说不清楚是自己在冰上滑倒摔入车下，还是被卡车卷入车下。马格雷先生则巧妙地利用了各种证据，推翻了当时几名目击者的证词，康妮小姐因此败诉。

绝望的康妮小姐向詹妮芙·帕克小姐求援，詹妮芙通过调查掌握了该汽车公司的产品近 5 年来的 15 次车祸——原因完全相同，该汽车的制动系统有问题，急刹车时，车子后部会打转，把受害者卷入车底。

詹妮芙对马格雷说："卡车制动装置有问题，你隐瞒了它。我希望汽车公司拿出 200 万美元来给那位姑娘，否则，我们将会提出控告。"

老奸巨猾的马格雷回答道："好吧，不过，我明天要去伦敦，一个星期后回来，届时我们研究一下，做出适当安排。"

一个星期后，马格雷却没有露面。詹妮芙感到自己是上当

了，但又不知道为什么上当，她的目光扫到了日历上——詹妮芙恍然大悟，诉讼时效已经到期了。

詹妮芙怒气冲冲地给马格雷打了电话，马格雷在电话中得意洋洋地放声大笑："小姐，诉讼时效今天过期了，谁也不能控告我了！希望你下一次变得聪明些！"詹妮芙几乎要给气疯了，她问秘书："准备好这份案卷要多少时间？"

秘书回答："需要三四个小时。现在是下午1点钟，即使我们用最快的速度草拟好文件，再找到一家律师事务所，由他们草拟出一份新文件，交到法院，那也来不及了。"

"时间！时间！该死的时间！"康妮小姐在屋中团团转，突然，一道灵光在她的脑海中闪现，"全国汽车公司"在美国各地都有分公司，为什么不把起诉地点往西移呢？隔一个时区就差一个小时啊！

位于太平洋上的夏威夷在西区，与纽约时差整整5个小时！对，就在夏威夷起诉！

詹妮芙赢得了至关重要的几个小时，她以雄辩的事实，催人泪下的语言，使陪审团的成员们大为感动。陪审团一致裁决：康妮小姐胜诉，"全国汽车公司"赔偿康妮小姐600万美元！

像这个故事一样，寻找解决问题的方法虽然不很容易，但方法总是有的，只要我们努力地思考。工作中的难题也是这样。所以在工作中，如果我们遇到了难题，就应该坚持这样的原则：努力找方法，而不是轻易放弃。

对于通过思索以寻找解决问题方法的重要性，许多杰出的企业家都深有体会。比尔·盖茨曾说："一个出色的员工，应该懂得：要想让客户再度选择你的商品，就应该去寻找一个让客户再度接受你的理由。任何产品遇到了你善于思索的大脑，都肯定能有办法让它和微软的视窗一样行销天下的。"

洛克菲勒也曾经一再地告诫他的职员："请你们不要忘了思索，就像不要忘了吃饭一样。"

只要努力去找，解决困难的方法总是有的，而这些方法一定会让你有所收益。

第三章　用创新力提升行动效能

第一节　正确地做事和做正确的事

让我们先看一个故事。

这是约翰·米勒先生亲身经历的一件事，也许从这件事中你可以体会出“效能”的含义。

那是阳光明媚的一个中午，在明尼阿波利斯市区，米勒先生经过一家叫“石邸”的餐厅，想吃顿简单的午餐。

餐厅就餐的人非常多，赶时间的米勒先生，很庆幸找到了一张吧台旁边的凳子坐了下来。几分钟后，有位年轻人端了满满一托盘要送到厨房清洗的脏碟子，匆匆地从他的身边经过。年轻人用眼角余光注意到了米勒先生，于是停下来，回头说道，“先生，有人招呼您了吗？”

“还没有，”他说，“我赶时间，只是想来一份沙拉和两个面包圈。”

“我替您拿来，先生。您想喝点什么？”

“麻烦来杯健怡可乐。”

“对不起，我们只卖百事可乐，可以吗？”

“啊，那就不用了，谢谢。”米勒先生面带微笑，说道：“请给我一杯水加一片柠檬。”

“好的，先生，马上就来。”他一溜烟不见了。

过了一会儿，他为米勒先生送来了沙拉、面包圈和水，留下米勒先生用餐。

又过了一会儿，年轻人突然为米勒先生送来了一听冰凉的健怡可乐。

米勒先生一阵高兴，却又有疑问："抱歉，我以为你们不卖健怡可乐。"他说。

"没错，先生，我们不卖。"

"那这是从哪儿来的？"

"街角杂货店，先生。"米勒先生惊讶极了。

"谁付的钱？"他问。

"是我，才 2 块钱而已。"

听到这里，米勒先生不禁为年轻人专业的服务所折服，他原本想说的是："你太棒了！"但实际却说："少来了，你忙得不可开交，哪有时间去买呢？"

面带笑容的年轻人，在米勒先生眼前似乎变得更高更大了。"不是我买的，先生。我请我的经理去买的！"

米勒先生被这位年轻人高效能的工作作风所感动了，他认为这个店员选用了"正确的方式"做了"正确的事"，于是米勒先生当时就决定：把这家伙挖过来，不管多费事！你明白了吗？"效能"就是指"用正确的方式做了正确的事"。"正确地做事"保证了做事的效率，"做正确的事"保证了将事做对，二者结合在一起，也就保证了我们说的"工作效能"。

"正确地做事"指的是方法问题。就像这个故事中的年轻人变通地"让经理替自己去杂货店买健怡可乐"这一做法就属于"正确地做事"。

他没有拘泥于传统的服务理念，而是以顾客的需求为重，努力找方法创造性地满足了顾客的需求。这种创造性思维和做法都是我们所提倡的。

要了解"做正确的事"的含义，就要先了解什么才是"正确的事"。

我们的生活、工作中有许许多多的事情需要去做，是否这些都是"正确的事"呢？不是的。比如，你在第二天有重要的工作要做，现在需要充分地休息，可这时接到一个朋友的电话邀请你去酒吧聊天。那么，“休息”就是“正确的事”，而“去酒吧聊天”就不是“正确的事”。

我们每天面对的众多事情，怎么才能区分哪些是需要做的“正确的事”呢？其实，按照轻重缓急的程度，我们遇到的事情可以分为以下四个象限，即重要且紧急的事，重要但不紧急的事，紧急但不重要的事，不紧急也不重要的事。

第一象限是重要又急迫的事。诸如应付难缠的客户、准时完成工作、住院开刀，等等。

第二象限是重要但不紧急的事。比如，长期的规划、问题的发掘与预防、参加培训、向上级提出问题处理的建议，等等。

第三象限属于不紧急也不重要的事。既然不重要也不紧急，那就不值得花时间在这个象限。

第四象限是紧急但不重要的事。表面看似第一象限，因为迫切的呼声会让我们产生“这件事很重要”的错觉——实际上就算重要也是对别人而言。电话、会议、突来访客都属于这一类。我们花很多时间在这个里面打转，自以为是在第一象限，其实只是在第四象限徘徊。

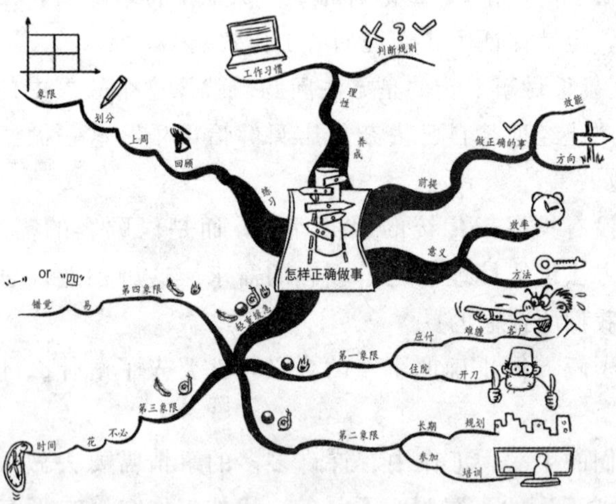

现在我们不妨回顾一下上周的生活与工作，你在哪个象限花的时间最多？请注意，在划分第一和第三象限时要特别小心，急迫的事很容易被误认为是重要的事。

其实二者的区别就在于这件事是否有助于完成某种重要的目标，如果答案是否定的，便应归入第三象限。

要学会把时间花在第二象限，做重要而不紧迫的事。那样才会减少重要的事进入第一象限，变得紧急。

在工作中，我们需要时刻提醒自己，怎样做才是创造最高工作效能的最佳方式？找到重要但不紧急的事，之后用上全部的智慧、最恰当的方法去做好它，你的工作就能够保持高效而平衡了。

第二节　机器不转动，工厂也能赚钱

据参观丰田工厂的人说，丰田工厂和其他工厂一样，机器一行一行地排列着。但有的在运转，有的都没有启动，很显眼。

于是有的参观者疑惑不解："丰田公司让机器这样停着也赚钱？"

不错，机器停着也能赚钱！这是由于丰田汽车公司创造了这样的工作方法：必须做的工作要在必要的时间去做，以避免生产过量的浪费，避免库存的浪费。

原来，不当的生产方式会造成各种各样的浪费，而浪费又是涉及提高效能增加利润的大事。

丰田公司对浪费做了严格区分，将浪费现象分为以下7种：

（1）生产过量的浪费；

（2）窝工造成的浪费；

（3）搬运上的浪费；

（4）加工本身的浪费；

（5）库存的浪费；

(6) 操作上的浪费。

(7) 制成次品的浪费。

丰田公司又是怎样避免和杜绝库存浪费的呢？许多企业的管理人员都认为，库存比以前减少一半左右就无法再减了，但丰田公司就是要将库存率降为零。为了达到这一目的，丰田公司采用了一种“防范体系”。

就以作业的再分配来说，几个人为一组干活，一定会存在有人“等活”之类的窝工现象存在。所以，有人就认为，对作业进行再分配，减少人员以杜绝浪费并不难。

但实际情况并非完全如此，多数浪费是隐藏着的，尤其是丰田人称之为“最凶恶敌人”的生产过量的浪费。丰田人意识到，在推进提高效率缩短工时以及降低库存的活动中，关键在于设法消灭这种过量生产的浪费。

为了消除这种浪费，丰田公司采取了很多措施。以自动化设备为例，该工序的“标准手头存活量”规定是5件，如果现在手头只剩3件，那么，前一道工序便自动开始加工，加到5件为止。

到了规定的5件，前一道工序便依次停止生产，制止超出需求量的加工。后一道工序的标准手头存活量是4件，如减少1件，前一道工序便开始加工，送到后一道工序。后一道工序一旦达到规定的数量，前一工序便停止加工。

像这样，为了使各道工序经常保持标准手头存活量，各道工序在联动状态下开动设备。这种体系就叫做“防范体系”。在必要的时刻，一件一件地生产所需要的东西，就可以避免生产过量的浪费。

在丰田生产方式中，不使用“运转率”一词，全部使用“开动率”，而“开动率”和“可动率”又是严格区分的。所谓开动率就是，在一天的规定作业时间内（假设为8小时），有几小时使用机器制造产品的比率。假设有台机器只使用4小时，那么这台机器的开动率就是50%。开动率这个名词是表示为了干活而转动的意思，倘若机器单是处于转动状态即空转，即使整天开动，开动率也是零。

“可动率”是指在想要开动机器和设备时，机器能按时正常转动的比率。最理想的可动率是保持在100%。为此，必须按期进行保养维修，事先排除故障。由于汽车的产量因每月销售情况不同而有所变动，开动率当然也会随之而发生变化。如果销售情况不佳，开动率就下降；反之，如果订货很多，就要长时间加班或倒班，有时开动率为100%，有时甚至会达120%或130%。丰田完全按照订货来调配机器的“开动率”，将过量生产的浪费情况减少到最低，才出现了即使机器不转动也能赚钱的局面。

讲到这里，不得不提戴尔公司的“零库存管理模式”，它与丰田的“防范体系”颇有异曲同工之妙。

戴尔公司走在物流配送时代的前列。分析家们分析戴尔成功的诀窍时说：“戴尔总支出的74%用在材料配件购买方面，2000年这方面的总开支高达210亿美元。如果我们能在物流配送方面降低0.1%，就等于我们的生产效率提高了10%。”

戴尔公司分管物流配送的副总裁迪克·亨特说：“我们只保存可供5天生产的存货，而我们的竞争对手则保存30天、45天，甚至90天的存货。这就是区别。”

戴尔是怎样做到的呢？原来，这一切的实现源于互联网生产与客户紧密相连。

工厂的多数生产过程都由互联网控制，就连几辆鸣着喇叭在厂房里穿行的叉车都是由无线电脑来控制其装卸活动的。

公司30万平方米的厂房不仅是戴尔追求效能的标志，而且是公司不断缩短从顾客订货至成品装车这段时间的标志。目前的目标是5～7小时。

由于戴尔公司按单定制，因此，这些库存一年可周转15

次。相比之下，其他依靠分销商和转销商进行销售的竞争对手，其周转次数还不到戴尔公司的一半，这种快速的周转能使总利润多出 1.8%～3.3%。

据此，我们可以用一幅思维导图来分析对比丰田和戴尔的成功之道。

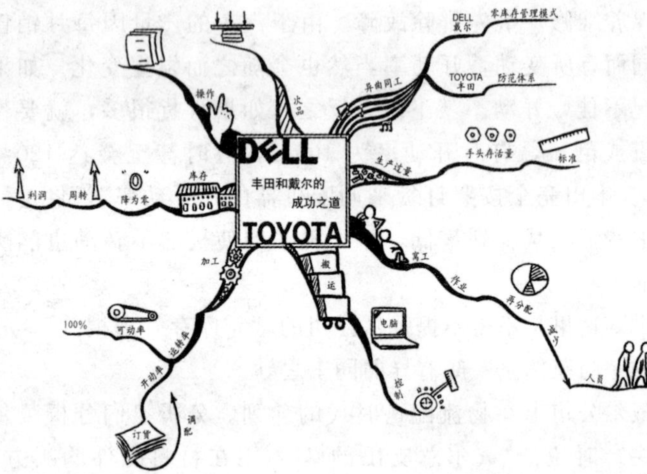

第三节　进行技术革新，工作高效做到位

提高工作效能，技术革新是一个关键环节。对生产效率和产品质量的要求不断增加，使得技术上的创造和革新成为必然。

在美国南北战争时期，联邦政府急需大批枪支，并与美国一家制造商签订了两年内为政府提供 1 万支来复枪的合同。当时造枪工艺为手工制造，而且从制作所有零件到装配成枪支，整个过程全部是由一个熟练工匠来完成。由于效率很低，第一年仅生产出 500 支枪，所以无法保证按时完成合同。

如果按照传统的思维，依靠增加人手或加班加点，也是远水不解近渴。为此，厂商很焦急。既然每支枪的零部件都是一样的，为何不采用每个人制造一个部件，然后再由他人组装成一支枪呢？新的思维方式使厂商犹如走出迷雾，随即改为流水作业批量生产，即把整个造枪过程简化为若干工序，每一组成员只负责一道工序，每一个零件都按一个标准。

结果，无论效率还是质量都大幅度提高，生产成本也大幅下降，其发明者也因为首创标准化而被誉为美国的“标准件之父”。

先进的生产技术和管理技术不但能够明显地提高工作效率和产品质量，同时也是提升竞争优势的因素所在。这方面，联邦快递的技术革新堪称典范。

隔夜快递服务是快递行业的一次重要变革。在联邦快递刚刚诞生时，运输系统只意味着一条条断断续续的航线，货运似乎是一种边缘行业，本土卡车货运公司在本地市场之外也没有任何网络。

联邦快递发起的对快递市场的整合需要一种新的物流组织技术，而这种新的技术便是“轮轴——轮辐”模式。“轮轴——轮辐”模式实际上在很多活动中都用过，例如，银行票据清算中心很早就已经使用该模式。但弗雷德·史密斯被公认为是个创新者，他巧妙地将这个模式应用到实际中。

“轮轴——轮辐”模式现在看起来似乎没什么，因为这种模式已经被其他同行广泛使用。但是在联邦快递使用之前，快递行业中从没有人能预测到使用这种模式的巨大效益和广阔前景。

将这项新技术应用到实际中需要大量的投资，因为“轮轴——轮辐”模式中活动的部分必须被控制起来。这要求整合新设备和流程系统，以实现速度和可靠性目标。采用“轮轴——轮辐”模式跟发明一项新的电子设备一样，都是技术革新的例子。

“轮轴——轮辐”模式需要一个复杂的物流运输信息系统。弗雷德·史密斯认为运输信息跟所运输的货物一样重要。在1979年，联邦快递引入客户、操作、服务和在线控制系统

(COSMOS)，成为该行业中第一个用电脑来集中跟踪所处理的所有包裹的公司。这个系统不仅能使联邦快递的员工掌握递送货物的确切状态和所处位置的实时信息，同时也能使客户通过拨打联邦快递的免费热线电话来查询、跟踪自己的产品信息。

在孟菲斯总部的信息处理中心，由 COSMOS 系统维护包裹在运输、运价和递送方面的相关信息。在每个包裹上面都有条形码，在收集和递送过程的每个阶段，条形码要被扫描 20 次(对国际货运而言)。1999 年，COSMOS 每天要处理 6300 万条信息。

除此之外，联邦快递物流信息技术的创新还有：全球操作控制中心（GOC)、数字协助递送系统（DADS)、自动运输系统(FedEx Powership）和超级追踪者（SuperTracker)、全球性资源信息分配（GRID）等。

技术的革新大大提高了联邦快递的工作效能，不但能够保证邮件以最快的速度准确送达收件人手中，还能够对邮件的整体传递情况进行查询和控制。

德鲁克说："创新即是创造一种资源。"在我们的工作中，应该提高我们的创新敏感度，对技术进行革新，以提高作业效率和客户服务，努力把工作高效做到位。

第四节　运用新方法，创造高效能

美国亚利桑那州的一座小镇上有一家电话公司，由于公司规模不大，而且业务比较单一，所以有很大一部分员工每天的工作就是负责转接电话，其工作单调可想而知。

公司刚成立的半年里，由于工作比较轻松，而且收入也比较稳定，所以小镇上的很多人都想到这家公司来工作，在工作一段时间之后，接线员们的作业水平得到了极大提高，工作效率也逐渐高了。

可半年之后，这家公司的管理者鲍勃却明显感觉到员工的工作效率和服务质量明显下降了，客户投诉的现象也越来越多。与此同时，员工离职率也越来越高——他们甚至宁愿回家待业，也不愿意待在办公室里工作。

到底是怎么回事呢？

在与那些前来辞职的员工进行一番交谈之后，鲍勃发现，其中绝大部分员工离职的原因都是相同的：他们都觉得公司提供的工作过于单调，毫无乐趣，尤其夜间值班容易犯困，经常出错，而自己的待遇也不会有太大的提高。

在了解了问题的真相之后，鲍勃想出了一个解决办法。几天之后，公司出台了一项新的管理规定，允许夜间值班的接线员每天晚上可以为三个来电提供免费服务。

在刚开始的一段时间里，当有人打电话到公司，听到接线员告诉自己"这个电话免费"的时候，他们还以为接线员是在跟自己开玩笑，可过了一段时间之后，一些电话客户发现自己确实得到了免费服务，于是这件事情就开始在小镇上传扬开来，电话公司成了整个小镇关注的焦点。员工渐渐感到工作有了乐趣，因为提供免费服务的三个顾客名额可由接线员自己来确定，大家觉得很有新意，干劲也越来越足了，工作效率又慢慢地提高了。

新的工作方法能够有效提高人们的工作积极性。著名企业管理杂志《Fast Company》上曾经刊载过一篇文章，谈到一家专门生产文字录入软件公司的成长过程。

在接受记者采访的时候，这家公司的CEO说道："一个偶然的机会，我们发现了一个秘密，如果能够在人们键入每一个字母的时候让计算机随之发出悦耳的声音的话，那就能使文字录入工作变得极为有趣，而且能够有效地提高工作效率。要知道，几乎每个在办公室工作的人都需要在某些时候用自己的计算机去写文件，所以我对我们软件的市场前景非常乐观。"

确实如此，该公司产品一经上市，便立即受到市场追捧，成为许多办公人员首选的文字录入软件。

不仅如此，与旧的工作方法相比较而言，新的工作方法往往会更加合理，从而提高工作效率。虽然改革并不一定等于进步，但一个明显的事实就是，大部分的改革都是向着改进的方向发展的，而且由于很多改革是通过新的工作方法得以实现的，所以采用新方法在大多数情况下都能够有效地提高工作效率。沃尔玛发展历史的一次实践就很好地证明了这个道理。

大约在20世纪60年代的时候，有人曾经建议沃尔玛的创始人兼当时的总裁山姆·沃尔顿采用电子技术来为客户结款，这样就可以大大减少客人们在柜台前等待的时间。

我们知道，山姆并不是一个容易对新技术产生兴趣的人，所以在刚开始的时候，无论周围的人如何劝说，山姆始终坚持传统的结算方式。

直到有一天，山姆像往常一样来到一家沃尔玛商店体验客人们购物的感觉，他突然发现，一旦客流量达到高峰的时候，每位客人在柜台前面等待的时间就会变得很长，这使得山姆大为震动。于是他立即回到办公室，召集多家沃尔顿商店的经理前来开会，立即讨论采用电子技术进行结款的问题。

新的工作方法，就是一种全新的思维方式，它可以改善我们对待工作的态度和心情，可以有效地激发我们的工作积极性，自然也可以使人们的工作效率得以提高。在工作中，你不妨也尝试一下新的方法，也许会有新的收获和惊喜。

第五节　只要有创新，垃圾也能变黄金

垃圾处理一直是一件让世人关注的事情。如果处理不好便会引起各种各样的环境问题。那么，能不能将垃圾合理利用，变废为宝呢？

也许很少有人会认真思考这个问题，但麦考尔想到了，而且借此扬了名。

1974 年，美国政府为清理那些给自由女神像翻新扔下的废料，向社会广泛招标。但好几个月过去了，没人应标。

正在法国旅行的麦考尔听说后，立即飞往纽约，看过自由女神像下堆积如山的铜块、螺丝和木料后，未提任何条件，立即就签了字。

当时不少人对他的这一举动暗自发笑。因为在纽约州垃圾处理有严格的规定，弄不好会受到环保组织的起诉。

就在一些人等着看他的笑话时，他开始组织工人对废料进行分类。他让人把废铜熔化，铸成小自由女神像；再把木头加工成木座；废铅、废铝做成纽约广场的钥匙。最后他甚至把从自由女神像身上扫下的灰尘都包装起来，出售给花店。

不到 3 个月时间，他让这堆废料变成了 350 万美金，每磅铜的价格整整翻了 1 万倍。

本来是一堆让政府颇感头痛的垃圾，在创新人士的眼中却可以衍化为各种各样的资源，善加分类，稍加创意，便可以从“垃圾”中挖掘出财富。

无独有偶，我国也有一个小伙子愣是利用“垃圾”致了富。

刘亮是一个由湖南去广东打工的小伙子。

有一次，刘亮跟老板到云南采购大理石，看见大理石厂的垃圾堆了一地，主要都是一些不成材的大理石边角料。

那个带领他们看货的大理石老板边走边对他们说：

“你们看见那些废料了吗？占了很多地方，我看见就心烦，可是没人要，只好堆在那里成了垃圾。”

刘亮当时并没在意，回到广州后，他看到广州读书人镇纸用的石条，灵感便冒了出来。

他果断地辞掉了工作，买来机器，到云南与大理石厂老板签订了包清垃圾石料的合约。

之后，刘亮开始创业办厂了，专门生产大理石镇纸以及大理石地脚线等。

刘亮将平凡无奇的“大理石垃圾”加工成型后，还在每件镇纸上刻上各色生肖或名言警句，产品居然供不应求，工厂也一再招工扩产。

小伙子用自己的创意为本是垃圾的石块赋予了生命，使其成为创富的工具。

一位学者曾说过：“世上本没有垃圾，只有放错了地方的资源。”一件事情的好坏优势，关键在于你以什么样的视角来看待它。从正面看，这是一堆垃圾，那么不妨将思维转个弯，从侧面或从反面来思考，那些原本被定义为废品的东西，就会变成创造财富的宝贝。

第三篇

获取超级记忆

第一章　记忆与遗忘一样有规可循

第一节　不可回避的遗忘规律

在日常生活中，我们对经历过的事情、体验过的情感、思考过的问题等，都会在大脑中留下一定的痕迹。这些痕迹在日后一定的条件下，就可能重新被“激活”，使我们重现当时的情境或体验。

假如，某天有人问你：“你能记得回家的路线吗？”

也许你会反驳道：“一只小狗都认得回家的路，难道我会不认得吗？”。

倘若又有人问你：“如果你想记住你爸爸的生日，能记得住吗？”

你可能回答说：“当然没问题啦，一次记不住，可以两次……一天记不住，可以两天……”

如果以上两个问题你都回答了“是的！”那么就表示你与我们达成了共识。从理论与实践上来说，每个人都可以记住任何他想要记住的东西，只有当大量记忆的时候，才会出现“部分遗忘”的情况。

记忆的对立面就是遗忘。

在认识遗忘之前，我们应对记忆有个大致了解。

记忆是大脑对于过去经验中发生过的事情的反映，是对过去感知过的事物在大脑中留下的痕迹，记忆是智力活动的仓库。

简而言之，记忆就是把需要记忆的元素形成一种链接，是学习的过程。随着脑科学的发展，人们对记忆不断有新的认识，对记忆分类也不断出现新的方法。

经典的分类是将人类的记忆按照记忆发生和保持的时间的长短分为即时记忆、短时记忆、长时记忆。

即时记忆

即时记忆又称瞬间记忆，通常情况下，多数人并不会特别注意它。对即时记忆的最佳描述是：用它来记忆一些立即要做反应的信息。

即时记忆经常被应用于我们的生活中，比如当你在通讯录上逐一打电话给自己朋友时，每个电话号码的记忆只维持到接通为止；比如读者在读书时，对每个字的记忆也只维持到能将下一个字的意思连贯起来为止。

但如果有人问，在这段文章中，“我”这个字出现了多少次，就多半答不出来。但是对上面这些字读者必须记住一段时间，否则就不能了解它们所在句子的意思。这种将信息维持到足以完成工作的时间，就是即时记忆的特性。

或许我们会有这样的经历，走路时，看到沿途的建筑物、风景，奔驰而过的汽车，穿梭的行人，可爱的小狗，听到各种不同的声音，这些都作为短时记忆进入脑海。

只要不是特别引人注目的事情或事件，就会很快忘记。听见身后的汽车鸣笛便躲开，看见前面有水洼就绕着走，诸如此类的事情都没必要长时记忆，因此瞬间记忆在生活中是不可忽视的。

短期记忆

短期记忆是一个中继站，等待记忆的内容在这里可以被有意识地保存着，并为进入长时记忆做好准备。不过，短期记忆的容量是很有限的。

有时，我们为了能够将某些材料记住长达几个小时，譬如一份简单的报告、一部准备第二天演讲的稿子、一篇即将讨论的学习主题等，我们必须通过巩固程序，将即时记忆过渡到短期记忆的阶段。

其实，这就是我们在巩固进入大脑的东西，并让这部分信息的印象停留在脑海中超过 30 秒的时间。这种记忆被人们称为短期记忆。

长期记忆

长期记忆与短期记忆有个最显著的差别，就是信息容量非常大，而且信息可以在这里被长期保存。长期记忆所保存的信息并不是一成不变的，也会随着时间的流逝而发生一定程度的变化。

各种信息在长期记忆系统中的组织情况决定了从长期记忆中寻找信息的难易程度。组合信息的技巧有很多，最重要的是要有一个基本认识：组织信息远比取出信息时的工作重要。

有时你会觉得很难记起一天或一周前所学的东西，主要的原因便是没有系统地把学到的东西加以组织，再输入记忆系统。假如你这样做了，记忆时就不会那么难了。总而言之，要增进记忆，首先要改善对信息的组织能力。

以上就是记忆的三种分类。

对记忆有所认识以后，我们继续回到遗忘上。我们把对于识记过的事物，不能回忆，则称为遗忘；如果既无法回忆又无法认知，则称为完全遗忘。

也可以说，遗忘是指记忆元素之间的链接淡化甚至消失，导致你对某东西再也不能回忆起来。

遗忘也分为暂时遗忘与完全遗忘。

记忆和遗忘与人类生活息息相关，无时无刻不在影响和改变着我们的生活。

记忆在每个人身上的表现是不同的，有的人过目不忘，有的人则相对弱些。我们都会有这样的经历，如果一个东西多次出现在眼前浮现在脑海，那么我们对它的印象就深一些，反之就会自然遗忘，记忆与遗忘就如同自由和约束的关系一样，如果没有遗忘，便无所谓记忆。德国心理学家艾宾浩斯提出了著名的“艾宾浩斯遗忘原理”，对人类的记忆产生了积极的影响。举个学习中的小例子，如果你在记忆单词时，只记忆了一次，第二天或者第三天你肯定会忘记它的。所以，想要记住一样东西必须反复的复习记忆，以达到牢记状态。

而实践证明，遵循“艾宾浩斯遗忘原理”进行复习和记忆，耗时将会是最少的。或许你会说“有些东西很特别，我看过一次就永远牢记了”，事实上是由于它的特殊性，因此在后来你经常会回忆起它，那么，说明你已经在不知不觉中复习了它。

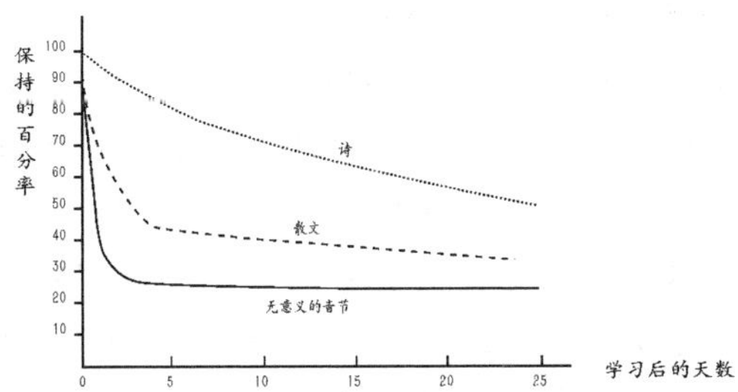

从艾宾浩斯遗忘曲线可以总结出遗忘的一般规律：人们在记忆材料 20 分钟之后，遗忘率就会达到 42%，1 小时后的遗忘率高达 56%，到了 9 个小时之后达到 64%。

由此可见，记忆内容在最初的时候最容易遗忘，时间愈久，则遗忘的速度越慢。掌握这个规律，我们便可以在记忆过程中采取相应的对策，在遗忘内容之前适时地加以复习。在不同的时间复习需要记忆的内容，会产生截然不同的记忆效果，如果是抢在遗忘的高峰之前复习记忆内容，那么会达到强化记忆、加深印象的效果；如果是在遗忘了以后复习，那么这就意味着要重新学习，导致浪费。

这就是许多人学了忘，忘了学，再学了忘，忘了学，进入了一种魔鬼怪圈的原因。进入怪圈后，不断的遗忘成了恶性循环，所以就会产生害怕和厌恶学习的心理。

思维导图记忆术作为一种全新的记忆技巧，弥补了遗忘带给人类的种种缺陷。

第二节　改变命运的记忆术

记忆无时无刻不在与人们的生活、学习发生着紧密的联系。没有记忆人就无法生存。

历史上，从希腊社会以来，就有一些不可思议的记忆技巧流传下来，这些技巧的使用者能以顺序、倒序或者任意顺序记住数百数千件事物，他们能表演特殊的记忆技巧，能够完整地记住某一个领域的全部知识等等。

后来有人称这种特殊的记忆规则为“记忆术”。随着社会的发展，人们逐渐意识到这些方法能使大脑更快、更容易记住一些事物，并且能使记忆得保持得更长久。

实际上，这些方法对改进大脑的记忆非常明显，也是大脑本来就具有的能力。

有关研究表明，只要训练得当，每个正常人都有很高的记忆力，人的大脑记忆的潜力是很大的，可以容纳下 5 亿本书那么多的信息——这是一个很难装满的知识库。但是由于种种原因，人的记忆力没有得到充分的发挥，可以说，每个人可以挖掘的记忆潜力都是非常巨大的。

思维导图，最早就是一种记忆技巧。

从以上章节介绍中，我们已经了解到，人脑对图像的加工记忆能力大约是文字的 1000 倍。让你更有效地把信息放进你的大脑，或是把信息从你的大脑中取出来，一幅思维导图是最简单的方法——这就是作为一种思维工具的思维导图所要做的工作。

在拓展大脑潜力方面，记忆术同样离不开想象和联想，并以想象和联想为基础，以便产生新的可记忆图像。

我们平时所谈到的创造性思维也是以想象和联想为基础。两者比较起来，记忆术是将两个事物联系起来从而重新创造出第三个图像，最终只是达到简单地要记住某个东西的目的。

思维导图记忆术一个特别有用的应用是寻找“丢失”的记忆，比如你突然想不起了一个人的名字，忘记了把某个东西放到哪去了等等。

在这种情况下，对于这个“丢失”的记忆，我们可以采用思维的联想力量，这时，我们可以让思维导图的中心空着，如果这个“丢失”的中心是一个人名字的话，围绕在它周围的一些主要分支可能就是像性别、年龄、爱好、特长、外貌、声音、学校或职业以及与对方见面的时间和地点等等。

通过细致的罗列，我们会极大地提高大脑从记忆仓库里辨认出这个中心的可能性，从而轻易地确认这个对象。

据此，编者画了一幅简单的思维导图：

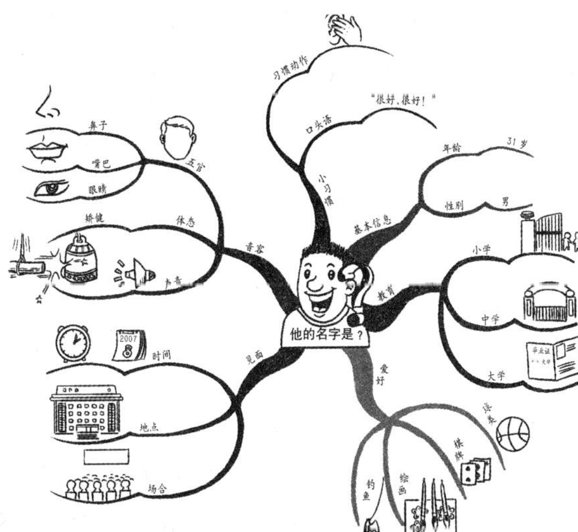

受此启发，你也可以回想自己曾经忘记的人和事，借助思维导图记忆术把他们一一“找”回来。

如果平时，我们尝试把思维导图记忆术应用到更广的范围的话，那么就会有效地解决更多的问题。

思维导图记忆术需要不断地练习，让它潜移默化你的生活、学习和工作，才会发生更大的效用，甚至彻底改变你的人生。

第三节　记忆的前提：注意力训练

中国有个寓言《学弈》，大意说的是两个人同向当时的围棋高手奕秋学围棋，“其一人专心致志，听奕秋之为听；一人虽听之，一心以为有鸿鹄将至，思拔弓缴而射之。虽与之俱学，弗若知矣。为是其智弗若与日：非然也”。

意思是说，这两个虽一起学习，但一个专心致志，另一个则总是想着射鸟，结果二人的棋术进展可想而知。

这则寓言告诉我们，学习成绩的差距并不是由于智力，而是由注意程度的差距造成的。只有集中注意力，才能获得满意的学记效果；如果在学记时分散注意力，即使是花费很长时间，也不会有明显的学记效果。有很多青少年深深的这个道理，也常常尤其注意力不集中苦恼，下面简单介绍几种训练注意力的方法：

训练 1：

把收音机的音量逐渐关小到刚能听清楚时认真地听，听 3 分钟后回忆所听到的内容。

训练 2：

在桌上摆三四件小物品，如瓶子、铅笔、书本、水杯等，对每件物品进行追踪思考各两分钟，即在两分钟内思考与某件物品的一系列有关内容，比如思考瓶子时，想到各种各样的瓶子，想到各种瓶子的用途，想到瓶子的制造，造玻璃的矿石来源等。

这时，控制自己不想别的物品，两分钟后，立即把注意力转移到第二件物品上。开始时，较难做到两分钟后的迅速转移，但如果每天练习 10 多分钟，两周后情况就大有好转了。

训练 3：

盯住一张画，然后闭上眼睛，回忆画面内容，尽量做到完整，例如画中的人物、衣着、桌椅及各种摆设。回忆后睁开眼睛再看一下原画，如不完整，再重新回忆一遍。这个训练既可培养注意力集中的能力，也可提高更广范围的想象能力。

或者，在地图上寻找一个不太熟悉的城镇，在图上找出各个标记数字与其对应的建筑物，也能提高观察时集中注意力的能力。

训练 4：

准备一张白纸，用 7 分钟时间，写完 1～300 这一系列数字。测验前先练习一下，感到书写流利、很有把握后再开始，注意掌握时间，越接近结束速度会越慢，稍微放慢就会写不完。一般写到 199 时每个数不到 1 秒钟，后面的数字书写每个要超过 1 秒钟，另外换行书写也需花时间。

测验要求：能看清所写的字，不至于过分潦草；写错了不许改，也不许做标记，接着写下去；到规定时间，如写不完必须停笔。

结果评定：第一次差错出现在 100 以前为注意力较差；出现在 101～180 间为注意力一般；出现在 181～240 间是注意力较好的；超过 240 出差错或完全对是注意力优秀。总的差错在 7 个以上为较差；错 4～7 个为一般；错 2～3 个为较好；只错一个为优秀。如果差错在 100 以前就出现了，但总的差错只有一两次，这种注意力仍是属于较好的。要是到 180 后才出错，但错得较多，说明这个人易于集中注意力，但很难维持下去。在规定时间内写不完则说明反应速度慢。

将测验情况记录，留与以后的测验作比较。

训练 5：

假设你在读一本书、看一本杂志或一张报纸，你对它并不感兴趣，突然发现自己想到了大约 10 年前在墨西哥看的一场斗牛，你是怎样想到那里去的呢？看一下那本书你或许会发现你所读的最后一句话写的是遇难船发出了失事信号，集中分析一下思路，你可能会回忆出下面的过程：

遇难船使你想起了英法大战中的船只，有的人得救了，其他的人沉没了。你想到了死去的4位著名牧师，他们把自己的救生圈留给了水手。有一枚邮票纪念他们，由此你想到了其他的一些复印邮票硬币和5分镍币上的野牛，野牛又使你想到了公牛以及墨西哥的斗牛。这种集中注意力的练习实际上随时随地都可以进行。

经常在噪音或其他干扰环境中学习的人，要特别注意稳定情绪，不必一遇到不顺心的干扰就大动肝火。情绪不像动作，一旦激发起来便不易平静，结果对注意力的危害比出现的干扰现象更大。要暗示自己保持平静，这就是最好的集中注意力训练。

训练6：

从300开始倒数，每次递减3位数。如300、297、294，倒数至0，测定所需时间。

要求读出声，读错的就原数重读，如“294”错读为“293”时，要重读“294”。

测验前先想想其规律。例如，每数10次就会出现一个“0”(270、240、210……)，个位数出现的周期性变化。

结果评定：2分钟内读完为优秀，2.5分钟内读完为较好，3分钟内读完为一般，超过3分钟为较差。这一测验只宜自己与自己比较，把每次测验所需时间对比就行了。

训练7：

这个练习又称为“头脑抽屉”训练，是练习集中注意力的一种重要方法。请自己选择3个思考题，这3个题的主要内容必须是没有联系的。如：科研课题、数学课题、工作计划、小说、电影情节、旅游活动或自身成长的某段经历等都可以。题目选定后，对每个题思考 3 分钟。在思考某一题时，一定要集中精力，思想上不能开小差，尤其不能想其他两个问题。一个题思考 3 分钟后，立即转入对下一个题的思考。

集中注意力的训练形式可以多种多样，随处都可因地制宜进行训练。例如，有时在等人、候车，周围是各种繁杂的现象和噪声，这时可以做一些背书训练或两位数的乘、除心算，这种心算没有集中的注意力是无法进行的。

第四节 记忆的魔法：想象力训练

一个人的想象力与记忆力之间具有很大的关联性，甚至在有些时候，回忆就是想象，或者说想象就是回忆。如果一个人具有十分活跃的想象力，他就很难不具备强大的记忆力，良好的记忆力往往与强大的想象力联系在一起。

因此，要训练我们的记忆力，可以从训练我们的想象力着手。

训练 1：

向学前班的孩子学习，培养你的想象力，如问自己一个问题：花儿为什么会开？

你猜小朋友们会怎么回答呢？

第一个孩子说："她睡醒了，想看看太阳。"

第二个孩子说："她伸伸懒腰，就把花骨朵顶开了。"

第三个孩子说："她想和小朋友比比，看谁穿得更漂亮。"

第四个孩子说："她想看看，小朋友会不会把她摘走。"

这时，一个孩子问老师一句："老师，您说呢？"

这时候，如果你是老师该怎么回答才能不让孩子失望呢？

如果你是个孩子，你又认为答案会是什么呢？

其实，只要你不回答："因为春天来了。"那你的想象力就得到了锻炼。

你也可以随便拿出一张画，问自己："这是什么？"

一块砖。

别的呢？一扇窗。

别的呢？事实上，从侧面看，这是字母 n。或者，另一个字母，如，F

别的呢？一个侧面看到的数字。

别的呢？任何一个从上端看的三维数字，包括 2，3，5，6，7，8，9，0。

别的呢？任何一个装在盒子里的物体。

别的呢？一个特殊尺寸的空白屏幕（垂直方向）。

别的呢……

每个事物都可能成为其他所有的事物，高度创造性的大脑是没有逾越不了的障碍的。自由联想是天才最好的朋友。天才的感知力就是在每个事物中看到其他所有的事物！这就是为什么天才能看到普通人看不到的实质。

训练 2：

从剧本或诗歌中读一段或几段，最好是那些富有想象的段落，例如下文：

茂丘西奥，她是精灵们的媒婆，
她的身体只有郡吏手指上一颗玛瑙那么大。
几匹蚂蚁大小的细马替她拖着车子，
越过酣睡的人们的鼻梁……
有时奔驰过廷臣的鼻子，
就会在梦里寻找好差事。
他就会梦见杀敌人的头，
进攻、埋伏，锐利的剑锋，淋漓的痛饮……
忽然被耳边的鼓声惊醒，
咒骂了几句，
又翻了个身睡去了。

把书放到一边，尽量想象出你所读的内容，这不是重复和记忆。如果10行或12行太多了，就取三四行，你实际的任务是使之形象化，闭上眼睛你必须看到精灵们的媒婆，你必须想象出她的样子只有一颗玛瑙那么大，你必须看到廷臣在睡觉，精灵们在他的鼻子上奔驰，你必须想出士兵的样子并看到他杀敌人的头。你要听到他的祷词，祷词的内容由你设想。

你是否已经读过了《罗密欧与朱丽叶》这本书的前一部分或几行文字？现在把书放在一边，想出你自己的下文来。当然，做这个练习时你不能先知道故事的结尾。你要假设自己是作者，创造出自己的下文来，你要想象出人物的形象，让他们做些事情，并想象出他们做事时的形态样子，直至你心目中的形象和亲眼所见一样清楚为止。

训练3：

用3分钟时间，将下面15组词用想象的方法联在一起进行记忆。

老鹰——机场　轮胎——香肠　长江——武汉

闹钟——书包　扫帚——玻璃　黄河——牡丹

汽车——大树　白菜——鸡蛋　月亮——猴子

火车——高山　鸡毛——钢笔　轮船——馒头

马车——毛驴　楼梯——花盆　太阳——番茄

通过以上三个方面的训练，可以提高我们的想象力，以至于有效提高我们的记忆力。

第五节　记忆的基石：观察力训练

记忆就像一台存款机要先有存款才能取款。记忆也先要完成记忆的输入过程，之后你才能将这部分信息或印象重现出来。

这样就有一个存入多少、存什么的问题，也就是你记忆的哪方面的内容以及真正记忆了多少或是印象有多深，这就有赖于观察力了！

进行观察力训练，是提高观察力的有效方法。下面介绍几种行之有效的训练方法：

训练 1：

选一种静止物，比如一幢楼房、一个池塘或一棵树，对它进行观察。按照观察步骤，对观察物的形、声、色、味进行说明或描述。这种观察可以进行多次，直到自己能抓住主要观察物的特征为止。

训练 2：

选一个目标，像电话、收音机、简单机械等，仔细把它看几分钟，然后等上大约一个钟头，不看原物画一张图。把你的图与原物进行比较，注意画错了的地方，最后不看原物再画一张图，把画错了的地方更正过来。

训练 3：

画一张中国地图，标出你所在的那个省的省界，和所在的省会，标完之后，把你标的与地图进行比较，注意有哪些地方搞错了，不过地图在眼前时不要去修正，把错处及如何修正都记在脑子里，然后丢开地图再画一张。错误越多就越需要重复做这个练习。

在你有把握画出整个中国之后就画整个亚洲，然后画南美洲、欧洲以及其他的洲。要画得多详细由你自己决定。

训练 4：

以运动的机器、变化的云或物理、化学实验为观察对象，按照观察步骤进行观察。这种观察特别强调知识的准备，要能说明运动变化着的形、声、色、味的特点及其变化原因。

训练 5：

随便在书里或杂志里找一幅图，看它几分钟，尽可能多观察一些细节，然后凭记忆把它画出来。如果有人帮助，你可以不必画图，只要回答你朋友提出的有关图片细节的问题就可以了。问题可能会是这样的：有多少人？他们是什么样子？穿什么衣服？衣服是什么颜色？有多少房子？图片里有钟吗？几点了？等等。

训练6：

把练习扩展到一间房子。开始是你熟悉的房间，然后是你只看过几次的房间，最后是你只看过一次的房间，不过每次都要描述细节。不要满足于知道在西北角有一个书架，还要回忆一下书架有多少层，每层估计有多少书，是哪种书，等等。

第二章 超级记忆的秘诀

第一节 超右脑照相记忆法

著名的右脑训练专家七田真博士曾对一些理科成绩只有30分左右的小学生进行了右脑记忆训练。所谓训练，就是这样一种游戏：摆上一些图片，让他们用语言将相邻的两张图片联想起来记忆，比如“石头上放着草莓，草莓被鞋踩烂了”等等。

这次训练的结果是这些只能考30分的小学生都能得100分。

通过这次训练，七田真指出，和左脑的语言性记忆不同，右脑中具有另一种被称做“图像记忆”的记忆，这种记忆可以使只看过一次的事物像照片一样印在脑子里。一旦这种右脑记忆得到开发，那些不愿学习的人也可以立刻拥有出色记忆力，变得“聪明”起来。

同时，这个实验告诉我们，每个人自身都储备着这种照相记忆的能力，你需要做的是如何把它挖掘出来。

现在我们来测试一下你的视觉想象力。你能内视到颜色吗？或许你会说：“噢！见鬼了，怎么会这样。”请赶快先闭上你的眼睛，内视一下自己眼前有一幅红色、黑色、白色、黄色、绿色、蓝色然后又是白色的电影银幕。

看到了吗？哪些颜色你觉得容易想象，哪些颜色你又觉得想象起来比较困难呢？还有，在哪些颜色上你需要用较长的时间？

请你再想象一下眼前有一个画家，他拿着一支画笔在一张画布上作画。这种想象能帮助你提高对颜色的记忆，如果你多练习几次就知道了。

当你有时间或想放松一下的时候，请经常重复做这一练习。你会发现一次比一次更容易地想象颜色了。当然你可以做做白日梦，从尽可能美好的、正面的图像开始，因为根据经验，正面的事物比较容易记在头脑里。

你可以回忆一下在过去的生活中，一幅让你感觉很美好的画面：例如某个度假日、某种美丽的景色、你喜欢的电影中的某个场面等等。请你尽可能努力地并且带颜色地内视这个画面，想象把你自己放进去，把这张画面的所有细节都描绘出来。在繁忙的一天中用几分钟闭上你的眼睛，在脑海里呈现一下这样美好的回忆，如此你必定会感到非常放松。

当然，照相记忆的一个基本前提是你需要把资料转化为清晰、生动的图像。

清晰的图像就是要有足够多的细节，每个细节都要清晰。

比如，要在脑中想象“萝卜”的图像，你的“萝卜”是红的还是白的？叶子是什么颜色的？萝卜是沾满了泥还是洗得干干净净的呢？

图像轮廓越清楚，细节越清晰，图像在脑中留下的印象就越深刻，越不容易被遗忘。

再举个例子，比如想象“公共汽车”的图像，就要弄清楚你脑海中的公共汽车是崭新的还是又老又旧的？车有多高、多长？车身上有广告吗？车是静止的还是运动的？车上乘客很多很拥挤，还是人比较少宽宽松松？

生动的图像就是要充分利用各种感官，视觉、听觉、触觉、嗅觉、味觉，给图像赋予这些感官可以感受到的特征。

想象萝卜和公共汽车的图像时都用到了视觉效果。

在这两个例子中也可以用到其他几种感官效果。

在创造公共汽车的图像时，也可以想象：公共汽车的笛声是嘶哑还是清亮？如果是老旧的公共汽车，行驶起来是不是吱呀有声？在创造萝卜的图像时，可以想象一下：萝卜皮是光滑的还是粗糙的？生萝卜是不是有种细细幽幽的清香？如果咬一口，又会是一种什么味道呢？

有时候我们也可以用夸张、拟人等各种方法来增加图像的生动性。

比如，“毛巾”的图像，可以这样想象：这条毛巾特别长，可以从地上一直挂到天上；或者，这条毛巾有一套自己的本领：那就是会自动给人擦脸等。

经过上面的几个小训练之后，你关闭的右脑大门或许已经逐渐开启，但要想修炼成“一眼记住全像”的照相记忆，你还必须要进行下面的训练：

（1）一心二用（5 分钟）。

“一心二用”训练就是锻炼左右手同时画图。拿出一根铅笔。左手画横线，右手画竖线，要两只手同时画。练习一分钟后，两手交换，左手画竖线，右手画横线。一分钟之后，再交换，反复练习，直到画出来的图形完美为止。这个练习能够强烈刺激右脑。

你画出来的图形还令自己满意吗？刚开始的时候画不好是很正常的，不要灰心，随着练习的次数越来越多，你会画得越来越好。

（2）想象训练（5 分钟）。

我们都有这样的体会，记忆图像比记忆文字花费时间更少，也更不容易忘记。因此，在我们记忆文字时，也可以将其转化为图像，记忆起来就简单得多，记忆效果也更好了。

想象训练就是把目标记忆内容转化为图像，然后在图像与图像间创造动态联系，通过这些联系能很容易地记住目标记忆内容及其顺序。正如本书前面章节所讲，这种联系可以采用夸张、拟人等各种方式，图像细节越具体、清晰越好。但这种想象又不是漫无边际的，必须用一两句话就可以表达，否则就脱离记忆的目的了。

如现在有两个水杯、两只蘑菇，请设计一个场景，水杯和蘑菇是场景中的主体，你能想象出这个场景是什么样的吗？越奇特越好。

对于照相记忆，很多人不习惯把资料转化成图像，不过，只要能坚持不懈地训练就可以了。

第二节　进入右脑思维模式

我们的大脑主要由左右脑组成，左脑负责语言逻辑及归纳，而右脑主要负责的是图形图像的处理记忆。所以右脑模式就是以图形图像为主导的思维模式。进入右脑模式以后是什么样子呢？

简单来说，就是在不受语言模式干扰的情况下可以更加清晰地感知图像，并忘却时间，而且整个记忆过程会很轻松并且快乐。和宗教或者瑜伽所追求的冥想状态有关，可以更深层次地感受事物的真相，不需要语言可以立体、多元化、直观地看到事物发生发展的来龙去脉，关键是可以增加图像记忆和在大脑中直接看到构思的图像。

想使用右脑记忆，人们应该怎样做呢？

由于左右侧的活动与发展通常是不平衡的，往往右侧活动多于左侧活动，因此有必要加强左侧活动，以促进右脑功能。

在日常生活中我们尽可能多使用身体的左侧，也是很重要的。身体左侧多活动，右侧大脑就会发达。右侧大脑的功能增强，人的灵感、想象力就会增加。比如在使用小刀和剪子的时候用用左手，拍照时用左眼，打电话时用左耳。

还可以见缝插针锻炼左手。如果每天得在汽车上度过较长时间，可利用它锻炼身体左侧。如用左手指钩住车把手，或手扶把手，让左脚单脚支撑站立。或将钱放在自己的衣服左口袋，上车后以左手取钱买票。有人设计一种方法：在左手食指和中指上套上一根橡皮筋，使之成为8字形，然后用拇指把橡皮筋移套到无名指上，仍使之保持8字形。

依此类推，再将橡皮筋套到小指上，如此反复多次，可有效地刺激右脑。其他，有意地让左手干右手习惯做的事，如写字、拿筷、刷牙、梳头等。

这类方法中具有独特价值而值得提倡的还有手指刺激法。苏联著名教育家苏霍姆林斯基说："儿童的智慧在手指头上。"许多人让儿童从小练弹琴、打字、珠算等，这样双手的协调运动，会把大脑皮层中相应的神经细胞的活力激发起来。

还可以采用环球刺激法。尽量活动手指，促进右脑功能，是这类方法的目的。例如，每捏扁一次健身环需要10～15公斤握力，五指捏握时，又能促进对手掌各穴位的刺激、按摩，使脑部供血通畅。

特别是左手捏握，对右脑起激发作用。有人数年坚持"随身带个圈（健身圈），有空就捏转，家中备副球，活动左右手"，确有健脑益智之效。此外，多用左、右手掌转捏核桃，作用也一样。

正如前文所说，使用右脑，全脑的能力随之增加，学习能力也会提高。

你可以尝试着在自己喜欢的书中选出20篇感兴趣的文章来，每一篇文章都是能读2～5分钟的，然后下决心开始练习右脑记忆，不间断坚持3～5个月，看看效果如何。

第三节　给知识编码，加深记忆

红极一时的电视剧《潜伏》中有这样一段，地下党员余则成为了与组织联系，总是按时收听广播中给"勘探队"的信号，

然后一边听一边记下各种数字，再破译成一段话。你一定觉得这样的沟通方式很酷，其实我们也可以用这种方式来学习，这就是编码记忆。

编码记忆是指为了更准确而且快速地记忆，我们可以按照事先编好的数字或其他固定的顺序记忆。编码记忆方法是研究者根据诺贝尔奖获得者美国心理学家斯佩里和麦伊尔斯的“人类左右脑机能分担论”，把人的左脑的逻辑思维与右脑的形象思维相结合的记忆方法。

反过来说，经常用编码记忆法练习，也有利于开发右脑的形象思维。其实早在19世纪时，威廉·斯托克就已经系统地总结了编码记忆法，并编写成了《记忆力》一书，于1881年正式出版。编码记忆法的最基本点，就是编码。

所谓“编码记忆”就是把必须记忆的事情与相应数字相联系并进行记忆。

例如，我们可以把房间的事物编号如下：1——房门、2——地板、3——鞋柜、4——花瓶、5——日历、6——橱柜、

7——壁橱。如果说“2”，马上回答“地板”。如果说：“3”，马上回答“鞋柜”。这样将各部位的数字号码记住，再与其他应该记忆的事项进行联想。

开始先编 10 个左右的号码。先对脑子里浮现出的房间物品的形象进行编号。以后只要想起编号，就能马上想起房间内的各种事物，这只需要 5～10 分钟即可记下来。在反复练习过程中，对编码就能清楚地记忆了。

这样的练习进行得较熟练后，再增加 10 个左右。如果能做几个编码并进行记忆，就可以灵活应用了。你也可以把自己的身体各部位进行编码，这样对提高记忆力非常有效。

作为编码记忆法的基础，如前所述，就是把房间各部位编上号码，这就是记忆的“挂钩”。

请你把下述实例，用联想法联结起来，记忆一下这件事：1——飞机、2——书、3——橘子、4——富士山、5——舞蹈、6——果汁、7——棒球、8——悲伤、9——报纸、10——信。

先把这件事按前述编码法联结起来，再用联想的方法记忆。联想举例如下：

（1）房门和飞机：想象入口处被巨型飞机撞击或撞出火星。

（2）地板和书：想象地板上书在脱鞋。

（3）鞋柜和橘子：想象打开鞋柜后，无数橘子飞出来。

（4）花瓶和富士山：想象花瓶上长出富士山。

（5）日历和舞蹈：想象日历在跳舞。

（6）橱柜和果汁：想象装着果汁的大杯子里放的不是冰块，而是木柜。

（7）壁橱和棒球：想象棒球运动员把壁橱当成防护用具。

（8）画框和悲伤：画框掉下来砸了脑袋，最珍贵的画框摔坏了，因此而伤心流泪。

（9）海报和报纸：想象报纸代替海报贴在墙上。

（10）电视机和信：想象大信封上装有荧光屏，信封变成了电视机。

如按上述方法联想记忆，无论采取什么顺序都能马上回忆出来。

这个方法也能这样进行练习，先在纸上写出 1～20 的号码，让朋友说出各种事物，你写在号码下面，同时用联想法记忆。然后让朋友随意说出任何一个号码，如果回答正确，画一条线勾掉。

据说，美国的记忆力的权威人士、篮球冠军队的名选手杰利·鲁卡斯，能完全记住曼哈顿地区电话簿上的大约 3 万多家的电话号码。他使用的就是这种“数字编码记忆法”。

第一次世界大战期间代号为 H—21 的著名女间谍哈莉在法国莫尔根将军书房中的秘密金库里，偷拍到了重要的新型坦克设计图。

当时，这位贪恋女色的将军让哈莉到他家里居住，哈莉早弄清了将军的机密文件放在书房的秘密金库里，往往在莫尔根熟睡以后开始活动。但是非常困难的是那锁用的是拨号盘，必须拨对了号码，金库的门才能打开，她想，将军年纪大了，事情又多，近来特别健忘，也许他会把密码记在笔记本或其他什么地方。哈莉经过多次查找都没有找到。

一天夜晚，她用放有安眠药的酒灌醉了莫尔根，蹑手蹑脚地走进书房，金库的门就嵌在一幅油画后面的墙壁上，拨号盘号码是 6 位数。她从 1 到 9 逐一通过组合来转动拨号盘，都没有成功。眼看快要天亮了，她感到有些绝望。

忽然，墙上的挂钟引起了她的注意，她到书房的时间是深夜 2 时，而挂钟上的指针指的却是 9 时 35 分 15 秒。这很可能就是拨号盘上的秘密号码，否则挂钟为什么不走呢？但是 9 时 35 分 15 秒应为 93515，只有五位数。哈莉再想，如果把它译解为 21 时 35 分 15 秒，岂不是 213515。她随即按照这 6 个数字转动拨号盘，金库的门果然开了。

莫尔根年老健忘，利用编码法记忆这6个数字，只要一看到钟上指针的刻度，便能推想出密码，而别人绝不会觉察。可是他的对手是受过专门训练的老手，她以同样的思维识破了机关。这是一个利用编码从事特种工作的故事。

掌握了编码记忆的基本方法后，只要是身边的事物都可以编上号码进行记忆，把记忆内容回忆起来。

你可以试着做一做，请按顺序记住影响世界历史的100件大事中的前20件中每一序号对应的事件：1——汉谟拉比法典、2——埃赫那吞改革、3——罗马建立、4——犹太教的创立、5——佛教的创立、6——儒学的创立、7——希波克拉底创立医学、8——希腊三哲的哲学研究、9——道教创立、10——马拉松战役、11——亚历山大远征、12——基督教创立、13——米兰敕令、14——查士丁尼法典、15——斯巴达克起义、16——伊斯兰教创立、17——查理大帝统一西罗马、18——字军东征、19——自由宪章运动、20——成吉思汗的霸业。

第四节　用夸张的手法强化印象

开发右脑的方法有很多，荒谬联想记忆法就是其中的一种。我们知道，右脑主要以图像和心像进行思考，荒谬记忆法几乎完全建立在这种工作方式的基础之上，从所要记忆的一个项目尽可能荒谬地联想到其他事物。

古埃及人在《阿德·海莱谬》中有这样一段："我们每天所见到的琐碎的、司空见惯的小事，一般情况下是记不住的。而听到或见到的那些稀奇的、意外的、低级趣味的、丑恶的或惊人的触犯法律的等异乎寻常的事情，却能长期记忆。因此，在我们身边经常听到、见到的事情，平时也不去注意它，然而，在少年时期所发生的一些事却记忆犹新。那些用相同的目光所看到的事物，那些平常的、司空见惯的事很容易从记忆中漏掉，而一反常态、违背常理的事情，却能永远铭记不忘，这是否违背常理呢?”

古埃及人当时并不懂得记忆的规律才有此疑问。其实，在记忆深处对那些荒诞、离奇的事物更为着迷……这就是荒谬记忆法的来源，概括地讲，荒谬联想指的是非自然的联想，在新旧知识之间建立一种牵强附会的联系。这种联系可以是夸张，也可以是谬化。

例如把自己想象成外星人。在这里，夸张，是指把需要记忆的东西进行夸张，或缩小、或放大、或增加、或减少等。谬化，是指想象得越荒谬、越离奇、越可笑，印象越深刻。

荒谬记忆法最直接的帮助是你可以用这种记忆法来记住你所学过的英语单词。例如你用这种方法只需要看一遍英语单词，当你一边看这些单词，一边在头脑中进行荒谬的联想时，你会在极短的时间内记住近 20 个单词。

例如，记忆“Legislate（立法）”这个单词时，可先将该词分解成 leg、is、late 三个字母，然后把“Legislate”记成“为腿（Leg）立法，总是（is）太迟（late）”。这样荒谬的联想，以后我们就不容易忘记。关于学习科目的记忆方法，我们在后面章节中会提到。在这 节中，我们从最普通的例子说明荒谬联想记忆应如何操作。

以下是 20 个项目，只要应用荒谬记忆法，你将能够在一个短得令人吃惊的时间内按顺序记住它们：

地毯 纸张 瓶子 椅子 窗子 电话 香烟 钉子 鞋子 马车 钢笔 盘子

胡桃壳 打字机 麦克风 留声机 咖啡壶 砖 床 鱼

你要做的第一件事是，在心里想到一张第一个项目的图画“地毯”。你可以把它与你熟悉的事物联系起来。实际上，你要很快就看到任何一种地毯，还要看到你自己家里的地毯。或者想象你的朋友正在卷起你的地毯。

这些你熟悉的项目本身将作为你已记住的事物，你现在知道或者已经记住的事物是“地毯”这个项目。现在，你要记住的事物是第二个项目“纸张”。你必须将地毯与纸张相联想或相联系，联想必须尽可能地荒谬。如想象你家的地毯是纸做的，想象瓶子也是纸做的。

接下来，在床与鱼之间进行联想或将二者结合起来，你可以“看到”一条巨大的鱼睡在你的床上。

现在是鱼和椅子，一条巨大的鱼正坐在一把椅子上，或者一条大鱼被当做一把椅子用，你在钓鱼时正在钓的是椅子，而不是鱼。

椅子与窗子：看见你自己坐在一块玻璃上，而不是在一把椅子上，并感到扎得很痛，或者是你可以看到自己猛力地把椅子扔出关闭着的窗子，在进入下一幅图画之前先看到这幅图画。

窗子与电话：看见你自己在接电话，但是当你将话筒靠近你的耳朵时，你手里拿的不是电话而是一扇窗子；或者是你可以把窗户看成是一个大的电话拨号盘，你必须将拨号盘移开才能朝窗外看，你能看见自己将手伸向一扇窗玻璃去拿起话筒。

电话与香烟：你正在抽一部电话，而不是一支香烟，或者是你将一支大的香烟向耳朵凑过去对着它说话，而不是对着电话筒，或者你可以看见你自己拿起话筒来，一百万根香烟从话筒里飞出来打在你的脸上。

香烟与钉子：你正在抽一颗钉子，或你正把一支香烟而不是一颗钉子钉进墙里。

钉子与打字机：你在将一颗巨大的钉子钉进一台打字机，或者打字机上的所有键都是钉子。当你打字时，它们把你的手刺得很痛。

打字机与鞋子：看见你自己穿着打字机，而不是穿着鞋子，或是你用你的鞋子在打字，你也许想看看一只巨大的带键的鞋子，是如何在上边打字的。

鞋子与麦克风：你穿着麦克风，而不是穿着鞋子，或者你在对着一只巨大的鞋子播音。

麦克风和钢笔：你用一个麦克风，而不是一支钢笔写字，或者你在对一支巨大的钢笔播音和讲话。

钢笔和收音机：你能“看见”一百万支钢笔喷出收音机，或是钢笔正在收音机里表演，或是在大钢笔上有一台收音机，你正在那上面收听节目。

收音机与盘子：把你的收音机看成是你厨房的盘子，或是看成你正在吃收音机里的东西，而不是盘子里的。或者你在吃盘子里的东西，并且当你在吃的时候，听盘子里的节目。

盘子与胡桃壳：“看见”你自己在咬一个胡桃壳，但是它在你的嘴里破裂了，因为那是一个盘子，或者想象用一个巨大的胡桃壳盛饭，而不是用一个盘子。

胡桃壳与马车：你能看见一个大胡桃壳驾驶一辆马车，或者看见你自己正驾驶一个大的胡桃壳，而不是一辆马车。

马车与咖啡壶：一只大的咖啡壶正驾驶一辆小马车，或者你正驾驶一把巨大的咖啡壶，而不是一辆小马车，你可以想象你的马车在炉子上，咖啡在里边过滤。

咖啡壶和砖块：看见你自己从一块砖中，而不是一把咖啡壶中倒出热气腾腾的咖啡，或者看见砖块，而不是咖啡从咖啡壶的壶嘴涌出。

这就对了！如果你的确在心中“看”了这些心视图画，你再按从“地毯”到“砖块”的顺序记 20 个项目就不会有问题了。当然，要多次解释这点比简简单单照这样做花的时间多得多。在进入下一个项目之前，只能用很短的时间再审视每一幅通过精神联想的画面。

这种记忆法的奇妙是，一旦记住了这些荒谬的画面，项目就会在你的脑海中留下深刻的印象。

第三章　引爆记忆潜能

第一节　你的记忆潜能开发了多少

俄国有一位著名的记忆家，它能记得 15 年前发生过的事情，他甚至能精确到事情发生的某日某时某刻。你也许会说“他真是个记忆天才！”其实，心理学家鲁利亚曾用数年时间研究他，发现他的大脑与正常人没有什么两样，不同的只是他从小学会了熟记发生在身边的事情的方法而已。

每个人读到这里都会觉得不可思议。其实，人脑记忆是大有潜力可挖的。你也可以向这位记忆家一样，而这绝对不是信口开河。

现代心理学研究证明，人脑由 140 亿个左右的神经细胞构成，每个细胞有 1000～10000 万个突触，其记忆的容量可以收容一生之中接收到的所有信息。即便如此，在人生命将尽之时，大脑还有记忆其他信息的“空地”。一个正常人头脑的储藏量是美国国会图书馆全部藏书的 50 倍，而此馆藏书量是 1000 万册。

人人都有如此巨大的记忆潜力，而我们却整天为误以为自己“先天不足”而长吁短叹、怨天尤人，如果你不相信自己有这样的记忆潜力的话，你可以做下面的实验证明。

请准备好钟表、纸、笔，然后记忆下面的一段数字（30 位）和一串词语（要求按照原文顺序），直到能够完全记住为止。写下记忆过程中重复的次数和所花的时间等。4 小时之后，再回忆默写一次（注意：在此之前不能进行任何形式的复习），然后填写这次的重复次数和所花的时间。

数字：1099128572463924657025914368O7

词语：恐惧　马车　轮船　瀑布　熊掌　武术　监狱　日蚀　石油　泰山

学习所用的时间：

重复的次数：

默写出错率：

此时的时间：

4 小时后默写出错率：

现在再按同样的形式记忆下面的两组内容，统计出有关数据，但必须使用提示中的方法来记忆。

数字：187105341279826587663890278643

［提示：使用谐音的方法给每个数字确定一个代码字，连成一个故事。故事大意：你原来很胆小，服了一种神奇的药后，大病痊愈，从此胆大如斗，连杀鸡这样的“大事”也不怕了，一刀砍下去，一只矮脚鸡应声而倒。为了庆祝，你和爸爸，还有你的一位朋友，来到酒吧。你的父亲饮了 63 瓶啤酒，大醉而归。走时带了两个西瓜回去，由于大醉，全都丢光了。现在，你正给你的这位朋友讲这件事，你说：“一把奇药（1871），令吾杀死一矮鸡（0534127），酒吧（98），尔来（26），吾爸吃了 63 啤酒（58766389），拎两西瓜（0278），流失散（643）。”］

词语：火车　黄河　岩石　鱼翅　体操　惊讶　煤炭　茅屋　流星　汽车

［提示：把 10 个词语用一个故事串起来，请在读故事时一定要像看电视剧一样在脑中映出这个故事描述的画面来。故事如下：一列飞速行驶的“火车”在经过“黄河”大桥时撞在“岩石”上，脱轨落入河中，河里的“鱼”受惊之后展“翅”飞出水面，纷纷落在岸上，活蹦乱跳，像在做“体操”似的。人们目睹此景大为“惊讶”，驻足围观。有几个聪明人拿来“煤炭”，支起炉灶来煮鱼吃。煤不够了就从“茅屋”上扒下干草来

烧。鱼刚煮好，不料，一颗“流星”从天而降砸在炉上。陨石有座小山那么大，上面有个洞，洞中开出一辆“汽车”来，也许是外星人的桑塔纳吧。]

学习所用的时间：

重复的次数：

默写出错率：

此时的时间：

4 小时后默写出错率：

通过比较两次学习的效果，可以看出：使用后面提示中的记忆方法来记忆时，时间短，记忆准确，效果持久。

其实，许多行之有效的记忆训练方法还鲜为人知，本书就将为你介绍很多有效的训练方法。如果你能掌握并运用好其中的一个方法，你的记忆就会被强化，一部分潜能也就会被开发出来而产生很可观的实际效果；如果你能全面地掌握并运用好这些训练方法，使它们在相互协同中产生增值效应，那么你的记忆力就会有惊人的长进，近于无穷的潜能也会释放出来。多数人自我感觉记忆不良，大都是记忆方法不当所造成的。

所以，我们要相信自己的大脑，它就犹如照相底片，等待着信息之光闪现；又如同浩瀚的汪洋，接纳川流不息的记忆之“水”——无“水”满之患；还好像没有引爆的核材料，一旦引爆，它会将蕴藏的超越其他材料万亿倍的核热潜能释放出来，让你轻而易举地腾飞，铸就辉煌，造福人类和自己。

当然，值得注意的是，虽然记忆大有潜力可挖，但是也不要滥用大脑。因为脑是一个有限的装置——记忆的容量不是无限的，一瞥的记忆量很有限。过频地使用某些部位的脑神经细胞，时间一久，还会出现功能降减性病变（主症是效率突减），脑细胞在中年就不断地死亡而数量不断地减少，其功能也由此而衰退……

故此，不要“锥刺骨，头悬梁”地去记忆那些过了时的、杂七杂八、无关紧要、结构松散、毫无生气、可用笔记以及其他手段帮助大脑记忆的信息。

第二节　明确记忆意图，增强记忆效果

美国心理学家威廉·詹姆斯说：“天才的本质，在于懂得哪些是可以忽略的。”

很多人可能都有这样的体会：课堂提问前和考试之前看书，记忆效果比较好，这主要是因为他们记忆的目的明确，知道自己该记什么，到什么时候记住，并知道非记住不可。这种非记住不可的紧迫感，会极大地提高记忆力。

原南京工学院讲师韦钰到德国进修，靠着原来自修德语的一点基础，仅用了四个月的时间就攻下了德语关，表现出惊人的记忆能力。这种惊人的记忆力与“一定要记住”的紧迫感有关，而这种紧迫感又来自韦钰正确的学习目的和研究动机。

韦钰的事例证明，记忆的任务明确，目的端正，就能发掘出各种潜力，从而取得较好的记忆效果。有时，重要的事情遗忘的可能性比较小，就是这个道理。

不少人抱怨自己的记忆能力太差，其实这主要是在于学习的动机和目的不端正，学习缺乏强大的动力，不善于给自己提出具体的学习任务，因此在学习时，就没有“一定要记住”的紧迫感，注意力就不容易集中，使得记忆效果很差。

反之，有了“一定要记住”的认识，又有了“一定能记住”的信心，记忆的效果一定会好的。

基于以上原因，我们在记忆之前应给自己提出识记的任务和要求。例如，在读文章之前，预先提出要复述故事的要求；去动物园之前，要记住哪些动物的外形、动作及神态，回来后把它们画出来，贴在墙壁上。这就调动了在进行这些活动中观察、注意、记忆的积极性。

另外，光有目的还不行，如很多人在考试之前，花了很多时间记忆学习，但考试之后，他努力背的那些知识很快就忘记了，因此，记忆时提出的目的还应该是长远的、有意义的、有价值的、有一定难度的。

记忆目标是由记忆目的决定的。要确定记忆目标，首先要明确记忆的目的，即为了什么去进行记忆，然后根据记忆目的确定具体的记忆任务，并安排好记忆进程。对于较复杂的、需要较长时间来进行记忆的对象来说，应把制定长远目标和制定短期目标相结合，把长远目标分成若干不同的短期目标，通过跨越一个个短期目标去实现长远目标。

明确记忆目标，主要不是一个记忆的技巧问题，而是人的记忆动机、态度、意志的问题。在强大的动机支配下，用认真的态度和坚强的意志去记忆，这就是明确记忆目标的实质。我们懂得记忆的意义后，便会对记忆产生积极的态度。

确定记忆意图还要注意以下两个方面：

要注意记忆的顺序

例如，记公式时首先要理解公式的本质，而后通过公式推导来记住它，再运用图形来记住公式，最后是通过做类型题反复应用公式，来强化记忆。有了这样一个记忆顺序，就一定会牢记这些数学公式。

记忆目标要切实可行

在记忆学习中，确立的目标不仅应高远，还要切实可行。因为只有切实的目标才真正会激发人们为之奋斗的热情，才使人有信心、有把握地把目标变为现实。

总之，要使自己真正成为记忆高手，成为记忆方面的天才，你首先要做的就是要有一个明确的记忆意图。

第三节　记忆强弱直接决定成绩好坏

记忆力直接影响我们的学习能力，没有记忆，学习就无法进行。英国哲学家培根说过，一切知识，不过是记忆。记忆方法和其中的技巧，是学生提高学习效率、提升学习成绩的关键因素，没有记忆提供的知识储备，没有掌握记忆的科学方法，学习不可能有高效率。现在学生的学习任务繁重，各种考试应接不暇，如果记不住知识，学习成绩可想而知，一考试头脑就一片空白，考试只能以失败告终。

如果我们把学习当做是一场漫长的征途，那么记忆就像是你的交通工具，交通工具的速度直接关系到你学习成绩的好坏，即它将直接决定你学习效率的高低。俗话说得好，牛车走了一年的路程，还比不上飞船1小时走得远。在竞争日益激烈的今天，谁先开发记忆的潜力，谁就成为将来的强者。

美国心理学家梅耶研究认为，学习者在外界刺激的作用下，首先产生注意，通过注意来选择与当前的学习任务有关的信息，忽视其他无关刺激，同时激活长时记忆中的相关的原有知识。新输入的信息进入短时记忆后，学习者找出新信息中所包含的各种内在联系，并与激活的原有的信息相联系。最后，被理解了的新知识进入长时记忆中储存起来。

在特定的条件下，学习者激活、提取有关信息，通过外在的反应作用于环境。简言之，新信息被学习者注意后，进入短时记忆，同时激活的长时记忆中的相关信息也进入短时记忆。新旧信息相互作用，产生新的意义并储存于长时记忆系统，或者产生外在的反应。

具体地说，记忆在学习中的作用主要有以下几点：

1. 学习新知识离不开记忆

学习知识总是由浅入深，由简单到复杂，是循序渐进的。

我们说，在学习新知识前，应该先复习旧知识，就是因为只有新旧知识相联系，才能更有效地记住新知识。忘记了有关的“旧”知识，却想学好新知识，那就如同想在空中建楼一样可笑。如果学习高中“电学”时，初中“电学”中的知识全都忘记了，那么高中的“电学”就很难学习下去。一位捷克教育家说：“一切后教的知识都根据先教的知识。”可见，记住先教的知识对继续学习有多么重要。

2. 记忆是思考的前提

面对问题，引起思考，力求加以解决，可是一旦离开了记忆，思考就无法进行，问题也自然解决不了。假如在做求证三角形全等的习题时，却把三角形全等的判定公理或定理给忘了，那就无法进行解题的思考。人们常说，概念是思维的细胞，有时思考不下去的原因是由于思考时把需要使用的概念和原理遗忘了。经过查找或请教又重新回忆起来之后，中断的思考过程就可以继续下去了。宋代学者张载说过：“不记则思不起。”这话是很有道理的。如果感知过的

事物不能在头脑中保存和再现，思维的“加工”也就成了无源之水，无米之炊了。

3. 记忆好有助于提高学习效率

记忆力强的人，头脑中都会有一个知识的贮存库。在新的学习活动中，当需要某些知识时，则可随时取用，从而保证了新知识的学习和思考的迅速进行，节省了大量查找、复习、重新理解的时间，使学习的效率大大提高。

一个善于学习的人在阅读或写作时，很少翻查字典，做习题时，也很少翻书查找原理、定律、公式等，因为这些知识已牢牢地贮存在他的大脑中了，而且可以随时取用。

不少人解题速度快的秘密在于，他们把常用的运算结果，常用的化学方程式的系数等已熟记在头脑中，因此，在解题时就不必在这些简单的运算上费时间了，从而可以把时间更多地

用在思考问题上。由于记得牢固而准确，所以也就大大减少了临时运算造成的差错。

许多学习成绩差的人就是由于记忆缺乏所造成的。有科学研究表明，学习成绩差一些的人在记忆时会遇到两种问题：第一，与学习成绩优良的学生相比，学习成绩差一些的人在记忆任务上有困难。第二，学习成绩差一些的学生的记忆问题可能是由于不能恰当地使用记忆策略。

尽管记忆是每个人所具有的一种学习能力，但科学有效的记忆方法并不是每一个学习者所能掌握的。一些学习者会根据课程的学习目的和要求，选择重点、选择难点，然后根据记忆对象的实际情况运用一些记忆方法进行科学记忆，并在自己的学习活动中总结出适合自己学习特点的方法，巩固学习效果，达到学有所成，学有所用。

第四节　寻找记忆好坏的衡量标准

人人需要记忆，人人都在记忆，那么怎样衡量记忆的好坏呢？心理学家认为，一个人记忆的好坏，应以记忆的敏捷性、持久性、正确性和备用性为指标进行综合考察。

1. 敏捷性

记忆的敏捷性体现记忆速度的快慢，指个人在单位时间内能够记住的知识量，或者说记住一定的知识所需要的时间量。著名桥梁学家茅以升的记忆相当敏捷，小时候看爷爷抄古文《东都赋》，爷爷刚抄完，他就能背出全文。若要检验一个人记忆的敏捷性，最好的方法就是记住自己背一段文章所需的时间。

2. 持久性

记忆的持久性是指记住的事物所保持时间的长短。不同的人记不同的事物时，其记忆的持久性是不同的。东汉末年杰出的女诗人蔡文姬能凭记忆回想出400多篇珍贵的古代文献。

3. **正确性**

记忆的正确性是指对原来记忆内容的性质的保持。如果记忆的差错太多，不仅记忆的东西失去价值，而且还会有坏处。

4. **备用性**

记忆的备用性是指能够根据自己的需要，从记忆中迅速而准确地提取所需要的信息。大脑好比是个“仓库”，记忆的备用性就是要求人们善于对“仓库”中储存的东西提取自如。有些人虽然记忆了很多知识，但却不能根据需要去随意提取，以至于为了回答一个小问题，需要背诵不少东西才能得到正确的答案。就像一个杂乱无章的仓库，需要提货时，保管员手忙脚乱，一时无法找到一样。

记忆指标的这四个方面是相互联系的，也是缺一不可的。忽视记忆指标的任何一个方面都是片面的。记忆的敏捷性是提高记忆效率的先决条件。只有记得快，才能获得大量的知识。

记忆的持久性是记忆力良好的一个重要表现。只有记得牢，才可能用得上。记忆的正确性是记忆的生命。只有记得准，记忆的信息才能有价值，否则记忆的其他指标也就相应地贬值。记忆的备用性也是很重要的。有了记忆的备用性，才会有智慧的灵活性，才能有随机应变的本领。

衡量一个人记忆的好坏除了上面这四个指标外，记忆的广度也是记忆的一个重要的衡量标准。记忆的广度是指群体记忆对象在脑中造成一次印象以后能够正确复现的数量。

譬如，先在黑板或纸板上写出一些词语：钢笔、书本、大海、太阳、飞鸟、学生、红旗等，用心看过一遍后，再进行复述，复述的词语越多，记忆的广度指标就越高。测量一个人记忆的广度，典型的方法就是复述数字：先在纸上写出一串数字，看一遍后，接着复述，有人能说出 8 位数字，有人能说出 12 位，有人则只能说清 4～5 位，一般人能复述 8～9 位。说得越多，当然越好，但这只代表记忆的一个指标量。

总之，衡量记忆的好坏，应该综合考量，而不应该强调某方面或忽视某方面。

第五节 掌握记忆规律，突破制约瓶颈

减负一直以来都是一个热门话题，虽然减少课业量是一种减负方法，但掌握记忆规律，按记忆规律学习应该是一种更好的办法。

掌握记忆规律和法则就能更高效地学习，这对于青少年是十分重要的。记忆与大脑十分复杂，但并不神秘，了解他们的工作流程就能更好地加强自身学习潜质。

人的大脑是一个记忆的宝库，人脑经历过的事物，思考过的问题，体验过的情感和情绪，练习过的动作，都可以成为人们记忆的内容。例如英文学习中的单词、短语和句子，甚至文章的内容都是通过记忆完成的。从“记”到“忆”是有个过程的，这其中包括了识记、保持、再认和回忆 4 个过程。

所谓识记，分为识和记两个方面。先识后记，识中有记。所谓保持，是指将已经识记过的材料，有条理地保存在大脑之中。再认，是指识记过的材料，再次出现在面前时，能够认识它们。重现，是指在大脑中重新出现对识记材料的印象。这几个环节缺一不可。在学习活动中只要进行有意识的训练，掌握记忆规律和方法，就能改善和提高记忆力。

对于一些学习者来说，对各科知识中的一些基本概念、定律以及其他工具性的基础知识的记忆，更是必不可少。因此，我们在学习过程中，既要进行知识的传授，又要注意对自己记忆能力的培养。掌握一定的记忆规律和记忆方法，养成科学记忆的习惯，就能提高学生的学习效率。

记忆有很多规律，如前面我们提到的艾宾浩斯遗忘曲线就是其中一个很重要的规律，我们可以根据这种规律进行及时适

当的复习，适当过度学习，以使我们的记忆得以保持。

同时，也不可以一次记忆太多的东西，这就关系到记忆的广度规律。记忆力的广度性，指对于一些很长的记忆材料第一次呈现给你，你能正确地记住多少。记住的越多，你的记忆力的广度就越好。记忆的广度越来越大，记忆的难度就越来越大。如果你能记住的数字长度越长，你的记忆力的广度性就越好。

美国心理学家 G·米勒通过测定得出一般成人的短时记忆平均值。米勒发现：人的记忆广度平均数为 7，即大多数人一次最多只能记忆 7 个独立的“块”，因此数字“7”被人们称为“魔数之七”。我们利用这一规律，将短时记忆量控制在 7 个之内，从而科学使用大脑，使记忆稳步推进。

综上所述，记忆与其他一切心理活动一样是有规律的。我们应积极遵循记忆规律，使用科学的记忆方法去进行识记，从而不断提高自己的学习效果，增强学习的兴趣。

第四篇

激发身体潜能

第一章　体能锻炼

第一节　生命在于运动

生命在于运动，健康也在于运动。健康谚语说得好，“铁不冶炼不成钢，人不运动不健康”，充分说明了运动对身体健康的重要性。

运用思维导图规划自己的生活，指导自己进行体能锻炼，意义巨大。

生命对于我们每个人而言既是宝贵的，也是脆弱的，人生苦短，犹如白驹过隙，珍惜生命自然离不开运动。

经常运动可以保持体力不衰，适当用脑可以保持脑力不衰。“流水不腐，户枢不蠹”，运动（体力的和脑力的）是延缓衰老、防病抗病、延年益寿的重要手段。

对儿童而言，运动能促进少年儿童身体的生长发育。比如骨骼、肌肉，锻炼和不锻炼就大不一样。坚持锻炼的少年儿童，肌肉、骨骼都比较结实粗壮，身高也比不锻炼的人要高。身高主要决定于下肢长骨，而长骨的生长则依靠两端的骺软骨板。

在儿童时期，长骨的骺软骨板的细胞不断分裂、增殖和骨化，使长骨纵向生长。细胞增殖需要大量的血液提供营养，体育锻炼能促使全身血液循环加快，增多骺软骨板中的血液量，从而促进细胞分裂和增殖，使骨骼增长更快。调查证明，同年龄、同性别的少年儿童，经常参加体育锻炼的比不参加的身高约长 4～8 厘米。

运动还能增强体内各内脏器官的功能。经常运动的人，肺的容量比不运动的要大一倍以上；心肌发达，心脏的收缩力加强；胃肠道功能增强，消化好，饭量增加。

运动能增强体质，提高机体的抵抗力和对自然环境的适应能力，从而预防疾病发生。在体育锻炼过程中，自然界的各种因素也会对人体产生作用，如日光的照射、空气和温度的变化以及水的刺激等，都会使人体提高对外界环境的适应力。

所以，经常参加体育运动的人，不仅身体壮实，而且活泼、聪明，反应敏捷，接受新事物也快，平时极少生病。体育运动还能使人体态健美。

根据思维导图原则，可试着画一幅健身的思维导图。

第二节　刀闲易生锈，人闲易生病

健康谚语说“刀越磨越光亮，人越锻炼越健康”，又说“刀闲易生锈，人闲易生病”，说明人只有运动才能保持健康，事实也是这样。“用进废退”学说认为，人体器官经常使用就会发达，不用则会退化。

生活中有些人贪图安逸，凡事得过且过，人家说运动有利于健康，他们会说那就让不健康的人运动去吧，确实迂腐可笑。他们只顾眼前轻松，只知及时行乐。其实这眼前的安逸埋藏着病根，对健康有害无利。

从心理上看，懒散的人在事业中逃避风险，凡事追求四平八稳，用习惯性思维处理日常事务。这会钝化人的锐气，使人目光短浅、胸无大志。天长日久，大脑功能就会逐渐退化，使思维变得迟钝，判断分析能力下降，人就变得怕烦喜静，懒散健忘，寂寞无聊，还极易产生烦躁、忧愁、痛苦等不良情绪，这样的情绪又会诱发疾病的产生。

从行为上看，懒散的人遇事就躲，生活中追求舒适安逸，工作中追求轻松简单，机体缺乏锻炼，大脑活动较少，体能消耗相对减少，热量的摄入大于消耗，收支失去平衡，极易造成肥胖。肥胖又易引发高血压、糖尿病、心脏病等慢性非传染性疾病，严重危害身体健康。

从病理上看，人体就像一架灵敏度极高的复杂机器，要想不让机器生锈，就得不断运转。要不断运转，就得有任务。一个精力充沛、勤奋肯干的人要是突然无事可做，会因为无所事事而变得懒懒散散，精神萎靡不振，以后遇到曾经做过的事，再做起来也会觉得生疏。医学上把这种现象称为“病态惰性”。人一旦为惰性所左右，机能便会在不知不觉中衰退，免疫力就会下降。

现代科学研究证明，勤于用脑的人，大脑能不断释放出内啡肽等特殊生化物质，脑内的核糖核酸含量也比很少思维的同龄人平均高出10%～20%。相反，不爱动脑的人，脑内核糖核酸含量水平就会大大降低。

惰性往往使人越闲越懒，越养越懒，进而百病缠身，不利于身体健康。

为了摆脱懒惰，避免恶性循环，根据以上内容，我们可以画出清晰的思维导图。

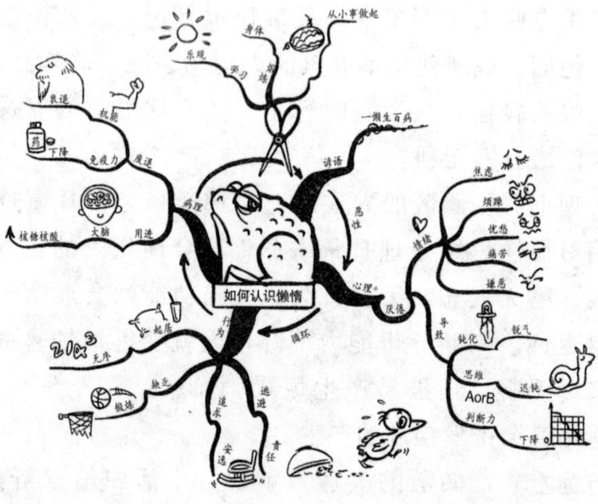

第三节 运动能让你的情绪 high 起来

科学研究发现，运动可以改善人的心理状态，消除忧郁沮丧等不良情绪，达到增强身心健康的作用。旅游、栽花、散步是有效地解除不良情绪的好办法；赛球、健美操、登山、跳舞等集体性娱乐活动，可以使机体神经和肌肉松弛，迅速消除紧张和忧郁，并产生欢快感。

人体是一个整体，人的健康与情绪有密切关系。要想保持愉快稳定的情绪和健康的心理状态，更好地适应外部环境的变化，那就请运动吧，相信运动会给你带来意外的收获。

运动是消除心中忧郁的一种好方法。体育活动一方面可使注意力集中到活动中去，转移和减轻原来的精神压力和消极情绪；另一方面还可以加速血液循环，加深肺部呼吸，使紧张情绪得到放松。因此，应该积极参加体育活动。

运动可使人心情愉快，轻松活泼，在振奋心情上比服用任何良药都更有效。研究证明，情绪和情感是客观刺激物影响大脑皮质活动的结果。在情绪活动中机体所发生的外在表现和内在变化是与神经系统多种水平的机能相联系的，是大脑皮层和皮层下中枢协同活动的结果。

通过体育运动如跑步、疾走、游泳、打羽毛球、排球、篮球、足球、骑自行车、登山等能加强心搏，促进血液循环及消化系统的新陈代谢，使大脑得到充分的氧气和营养物质，能使大脑皮质的兴奋和抑制恢复平静，从而达到改善不佳心情的目的。这些运动应每周坚持 3～5 天，每次至少 30 分钟。

运动不仅影响生理参数，也影响性格特征，尤其对情绪的稳定有很大作用。参加体育活动可以使人精神高度集中，是控制精神紧张和心理失调的有效途径。它们有助于消除过度紧张和疏导被压抑的精力，对于解除或减轻不佳心情，保持心理健康是很有益的。参加体育竞技，可以为不良情绪提供一个“排泄口”，使遭到挫折而产生的冲动提升为向前的动力。

因此，对社会生活中受到不平等待遇的人以及向往公平竞争的人们来说，运动场无疑是一个很好的发泄场所和实现自己理想的场所。一些心理学家通过大量研究肯定了体育运动对情绪的排泄作用。

这些学者们认为，体育运动不仅仅是消闲或锻炼身体，它还具有心理医疗的价值。它像一种净化剂，通过社会认可的渠道，使参加者被压抑的情感和精力得到宣泄和升华，从而使受伤的心灵得以痊愈。

经常运动，能使你保持精神舒畅、精力充沛，从而增加应付现实生活中种种困难的能力。所以，都来参加运动吧，选择适合自己的运动，可以让你和自然更加接近，并将得到日光与运动的叠加益处，增强体质，改变不佳心情。

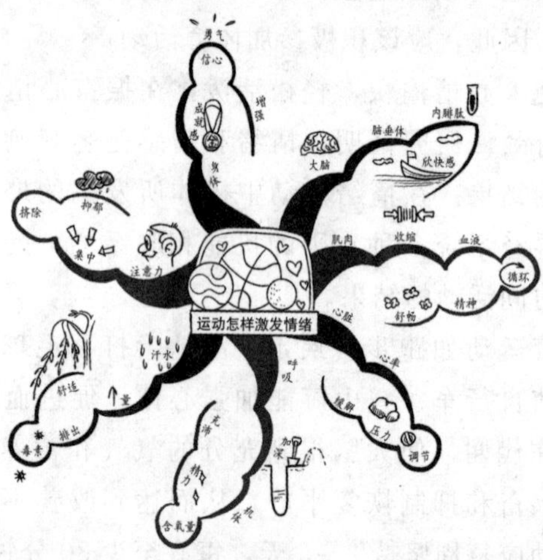

第四节　运动，益智健脑的良方

美国科学家在过去35年内对400名21～84岁的成年人进行了语言能力、感觉速度、空间定向及计算思维等方面的测试研究。结果表明，25%常参加运动锻炼的人，在智力和反应方面明显高于未参加锻炼的同龄人，可见，运动能益智健脑。

运动锻炼何以能益智健脑？

运动可提高血糖含量。大脑活动所需的能量主要来源于糖。大脑本身储备糖极少，只有当人体血液每100毫升中血糖达120毫克时，脑功能活动才能正常，如果血糖降至每100毫升50毫克左右时，人就会疲乏、思维迟钝、工作效率下降。食物是血糖的供给源，运动能使人食欲大增，消化功能增强，可促进食物中淀粉转化为葡萄糖，并源源不断地提供给脑神经细胞使用。

大脑需要氧气和其他营养物质。科学实验表明，常从事运动的人，心脑血管会更具有弹性，血液循环也更加通畅。研究数据显示，喜欢运动的人血液循环量比一般人高出2倍，这样能够向大脑组织提供更充足的氧气和营养物质，使大脑活动更自如，思维更敏捷。

运动也是一种积极的休息方式。适量运动时运动中枢兴奋，可有效快速地抑制思维中枢，使其得到积极的休息。

有人做过试验：思考的神经连续工作2小时，然后停下来休息，至少需要20分钟才能消除疲劳，而用运动方式则只需5分钟疲劳就消除了。说明运动确能使大脑的紧张状态得到缓解。这有助于大脑思维功能的合理应用，促使工作学习效率提高。

运动促使大脑释放一些有益的生化物质如内啡肽等。这些物质对促进人的思维和智力大有益处。

为了让自己更加聪明、灵活，请多多参加体育锻炼吧！这是益智健脑的最佳选择。

第二章　改变思维，会吃才健康

第一节　粗粮：昨日忆苦饭，今天健康餐

如今吃粗粮是一种新时尚，更是一种新思维。因为很多“富贵病”可能是由于人们吃得过精过细而导致的。于是，浓香的玉米、金灿灿的小米粥、清香的毛豆已经成为餐桌上的新宠，在吃惯了细米白面后，人们发现对健康最有益处的还是粗粮。

粗粮含有丰富的营养素。如燕麦富含蛋白质；小米富含色氨酸、胡萝卜素；高粱富含脂肪酸及丰富的铁；薯类含胡萝卜素和维生素 C。

粗粮还具有一定的药性。如玉米被公认为是世界上的“黄金作物”，它的纤维素要比精米、精面粉高 4～10 倍。纤维素可

加速肠部蠕动，排除大肠癌的致病因素，降低胆固醇吸收，预防冠心病。荞麦含有其他谷物所不具有的“叶绿素”和“芦丁”。荞麦中的维生素 B_1、B_2 比小麦多两倍，烟酸是其 3～4 倍。荞麦中所含烟酸和“芦丁”都是治疗高血压的药物，荞麦对糖尿病也有一定疗效。

新鲜的糙米比精米对健康更为有利，因粮食加工得愈精，维生素、蛋白质、纤维素损失愈多。粗粮中的膳食纤维，虽然不能被人体消化利用，但能通肠化气，清理废物，促进食物残渣尽早排出体外。

粗粮还有减肥的功效，如玉米含有大量镁，镁可加强肠壁蠕动，促进机体废物的排泄，对于减肥非常有利。玉米成熟时的花穗玉米须，有利尿作用，也对减肥有利。

粗粮虽营养丰富，对健康有利，但是也不能随便吃，还要遵循三大原则：

一是粗细搭配，要求食物要多样化，“粗细粮可互补”；

其二是粗粮与副食搭配，粗粮内的赖氨酸含量较少，可以与牛奶等副食搭配补其不足；

其三是粗粮细吃，粗粮普遍存在感官性不好及吸收较差的劣势，可以通过把粗粮熬粥或者与细粮混起来吃解决这个问题。

具体如何吃粗粮要分年龄分人群：胃肠功能较差的老年人（60 岁以上）及消化功能不健全的儿童要少吃粗粮，并且要做到粗粮细吃；中年人尤其是有“三高”、便秘等症状者、长期坐办公室者、接触电脑较多者、应酬较多的人则要多吃粗粮；运动员、体力劳动者由于要求尽快提供能量则要少吃粗粮。

另外，不同病情的人群也要区别吃粗粮。患有胃肠溃疡、急性胃肠炎的病人的食物要求细软，所以要尽量避免吃粗粮；患有慢性胰腺炎、慢性胃肠炎的病人要少吃粗粮。

第二节　常吃素，好养肚

时下素食风行全球，这是因为现代医学证明，适当地多吃素食对人的身心健康有诸多益处。

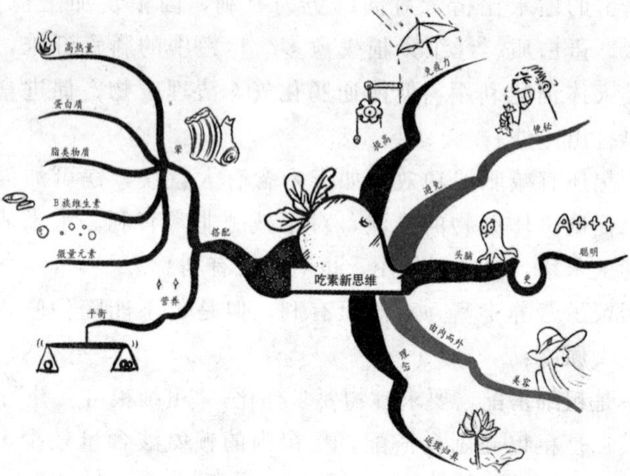

素食越来越受到人们的青睐，因为它确实给人们的健康带来太多的益处。以下是人们对素食的一些新思维、新观点：

1. 素食可提高人体免疫力

有关资料表明，长期吃素的人，机体抗肿瘤的能力比长期吃肉的人强两倍，患心血管疾病、癌症、痛风、关节炎、肾功能衰竭、大脑痴呆症等疾病的比率也比普通人小。

2. 吃素者没有便秘之忧

现代医学已经证实，肉食是导致人们便秘的一个直接原因。由于肉食纤维质较少，被人体摄入后在肠道中移动的速度比起谷物和蔬菜等植物类食物要慢 4 倍左右，加之我们人类的消化道较长，大肠弯曲多皱，吃进的肉食不能及时排出体外，从而导致了便秘。

3. 吃素者更聪明

现代医学研究证实，人聪明与否，主要取决于脑细胞间传递信息的速度。当人的体液呈碱性状态时，脑细胞间传递信息的速度和效果均处于最佳状态，人就变得聪明；而体液呈偏酸性状态时，大脑反应迟钝，动作缓慢，学习和工作的效率均处于低下状态，人就显得笨拙。

众所周知，肉类属酸性食品，摄入人体后会使体液趋于酸性；而蔬菜、水果属碱性食品，摄入人体后会使体液趋于碱性。由此看来，肉食不仅会使人肥胖，也会使人变得迟钝；素食不仅会给人带来健康，也会使人变得聪明。

4. 吃素可以吃出美丽

用素食方法来减肥相当有效，素食能使血液变为微碱性，促进新陈代谢活动，从而把蓄积体内的脂肪及糖分燃烧掉，达到自然减肥的目的。经常食素者全身充满生气，脏腑器官功能活跃，皮肤显得柔嫩、光滑、红润，吃素堪称是由内而外的美容法。

5. 吃素可以吃出文化

素食，表现出了回归自然、回归健康和保护地球生态环境的返璞归真的文化理念。吃素，除了能获取天然纯净的均衡营养外，还能额外地体验到摆脱了都市的喧嚣和欲望的愉悦。

吃素真的能让你更健康、美容，少患病等。但是，如果长期吃素，则不利于健康。

长期吃素，营养不平衡。如果我们长期吃素，动物蛋白、动物脂肪、脂溶性的维生素得不到补充，人体的免疫功能就会减弱，供给人体的热量也会不足。

长期吃素，营养不完善。虽然人体所需要的80%的热量和50%的蛋白质是由粮食、豆类供应的，也是B族维生素的重要来源。蔬菜可供应日常所必需的几种维生素（A、B_2、C、K等）和无机盐（钾、钙、铁、钼、铜、锰等）。果品类也含有丰富的无机盐和维生素，但营养仍不够，需要肉类来补充。肉类食品为动物性食品，含有较高的热量，较多的优良蛋白质，丰富的脂类物质，足量而平衡的B族维生素和微量元素。

所以，吃素也要讲究方法，要与荤食相搭配。

第三节 健康油，为健康做主

“油”是我们日常生活中每天必不可少的调味品，看似平常，但是却与身体健康休戚相关，科学地吃油和选择油类，可以改善我们的体质，美化我们的容颜。

据营养专家介绍，其实我们每天吃什么样的油，即摄入什么样的脂肪对身体健康非常重要，在人们每天摄入的蛋白质、脂肪、碳水化合物、维生素、矿物质、纤维素、水等七大营养元素中，脂肪占了总热量的35%，而脂肪总量的76%以上又是来自于每天吃的油。

我们日常饮食中的油脂来源主要是两部分，一是烹调用的植物油，一是动物性食物中的脂肪。注意调配好这两部分油脂的量和质，就可以使油脂消费科学合理了。吃油的量应该适当才是最重要的。中国营养学会膳食平衡宝塔内推荐的食用油的使用量为每人每天25克。同时，从健康的角度考虑，营养专家建议，在油脂摄入量适宜的前提下，应尽量减少动物性油脂的摄入。

大豆油、花生油、菜籽油、玉米油、芝麻油、橄榄油等，由于脂肪酸构成的不同，所以各具营养特点。茶油、橄榄油及菜籽油的单不饱和脂肪酸含量较高。许多研究表明：单不饱和脂肪酸可以调节血脂，防止动脉粥样硬化，从而降低心血管疾病危险。芝麻油、花生油、玉米油、葵花籽油则富含亚油酸。大豆油则富含两种必需脂肪酸——亚油酸和亚麻酸。这两种必需脂肪酸具有降低血脂、胆固醇及促进孕期胎儿大脑的生长发育的作用。而单一油种的脂肪酸构成不同，营养特点也不同。

科研人员发明了一种脂肪酸比例合理的植物调和油，以玉米油、葵花籽油、花生油、菜籽油和大豆油等多种植物油为原料，其脂肪酸比例合理，可以有效地帮助平衡人体所需的膳食脂肪酸。尤其值得称道的是，这种调和油保留了花生油、芝麻油等油种具有的特殊香味，炒菜时色香味俱佳。

因此，对大多数人来说，吃脂肪酸配比合理的调和油是一种既健康又实惠的选择!

建议您在选择油类时应注意以下6点：

(1) 远离饱和脂肪酸含量高的油类，一般动物脂肪含饱和脂肪酸较多，所以不宜多吃动物油（如猪、牛、羊油)。

(2) 选择单不饱和脂肪酸含量在70%以上的油类，如野茶油、橄榄油。

(3) 选择富含Ω—3亚麻酸的油类，如野茶油、核桃油。

(4) 避免Ω—6亚油酸含量超过15%的油类，如红花油、葵花籽油、花生油、芝麻油、玉米油。

(5) 多不饱和脂肪酸中的Ω—6亚油酸和Ω—3亚麻酸的比例最好是4：1。

(6) 是否含有维生素E、维生素E是抗氧化剂，可以减少氧化型LDL（低密度脂蛋白胆固醇）的形成，降低发生动脉粥样硬化的可能性。

第四节　吃鱼，健康生活每一天

古往今来，国人非常注意食补，素有“药补不如食补”之说。早在《素问》中就有“谷肉果菜，食养尽之”的说法。补养食品在于精选，在补养食品繁多的种类中，其榜首莫过于鱼。

鱼，不仅是美味佳肴，而且是美容、食疗的上品，常食鱼有益于身体健康。

DHA 活化脑细胞

鱼类含有丰富的 DHA。DHA 可以使大脑细胞的分子构造变得更为柔软而有弹性，可以大幅提高内部信息（脑波等）传导的速度，也就是可以让脑部神经的传导更为灵活，人就变得更聪明了。

EPA 抑制癌细胞

虽然大家对 DHA 已耳熟能详，而对 EPA 还是相当的陌生，但是 EPA 却有抑制癌细胞扩散的重要功能。

鱼肉是心脏保护神

在鱼肉的营养成分之中，有一种成分对人体也相当的重要，那就是愈吃愈苗条的不饱和脂肪酸。不饱和脂肪酸，可以减少血液中的胆固醇浓度，防止血栓的发生，是心脏、血管的保护神。

减缓骨质疏松症

骨质疏松症是现代女性产后的最大困扰，然而，在鱼类的骨头（包含鱼刺）之中，却有含量极为丰富的优良钙质，配合鱼肉中所含的维生素 D（可以帮助钙质吸收），是人类补充钙质的最佳来源。

防老年痴呆

多吃鱼和鱼油，可以保护您免受老年痴呆症的侵袭。法国研究人员对 1674 名老人进行了为期 2 年、5 年、7 年饮食情况的随访，结果显示，每周至少吃一次鱼或海产品的老人患痴呆症的危险会明显降低。

鱼的确是个好东西，味道好，营养又好，还有那么好的保健功效。但是鱼的烹调也是有讲究的。

烹调鲜鱼最好的方法是：煮、蒸、嫩煎、微波加热，这样 Ω－3 脂肪酸（DHA 和 EPA）会最大限度的保留。如用煮的方法则应连汤饮用，Ω－3 脂肪酸就不会损失。

用油炸鱼的做法不值得提倡，因为在炸鱼的过程中，50％

～60%的Ω－3脂肪酸会丧失掉，而且油中含有的亚油酸会被鱼吸收，亚油酸在体内转化为前列腺素E2，如摄取过量易引发癌症。

烧鱼的时间不宜过长，否则Ω－3脂肪酸也会受损。烧焦或烤焦的鱼的焦煳部分一定不可食用，因会产生强致癌物质。

还要注意的是，有资料称，致癌物质最常存在于鱼皮中，所以该资料建议最好不要吃鱼皮。也有资料称，鱼腹腔内壁有一层黑膜，是鱼腹中各种有害物质的淀积层，因此，在剖鱼洗鱼时，应该清除其中的黑膜。

第三章　选择适合你的运动方式

第一节　步行，最完美的运动方式

世界卫生组织经过充分的研究，从对中老年人安全有效、保健防病的角度出发，于 1992 年提出：最好的运动是步行。

当今世界群众体育锻炼的观念发生了急剧的变化，健身的方法趋向于科学、安全、简单化。

以往许多人认为，不吃苦就练不好身体，现在人们则认为，过多、过于剧烈的运动对健康未必有益，而适度的运动已成为一种时尚，这就是目前在国际上较为流行的有氧代谢耐力运动，如步行、跑步、骑自行车、登楼梯、健身操、跳绳、打太极拳等，在这诸多运动中，步行是世界卫生组织指出的世界上最好的运动。

步行对健身有 6 点好处：

(1) 步行是可以长期坚持的锻炼方式，它不受时间、地点限制，动作缓和，不易受伤，因此“走为百练之祖”。步行健身的人与坐着的人相比，肺活量较大。

(2) 步行健身是增强心脏功能的有效手段之一。大步疾走可使心脏跳动加快，心搏量增加，血流加速，对心脏是一种很好的锻炼。如果心率能达到每分钟 110 次，保持 10 分钟以上，则心肌与血管的韧性与强度大有增进，从而减少心肌梗死与心脏衰竭病的发作。

(3) 步行健身在预防肥胖和减肥方面有明显益处。长时间步行和大步疾走，能增加能量的消耗，促使体内脂肪的利用，

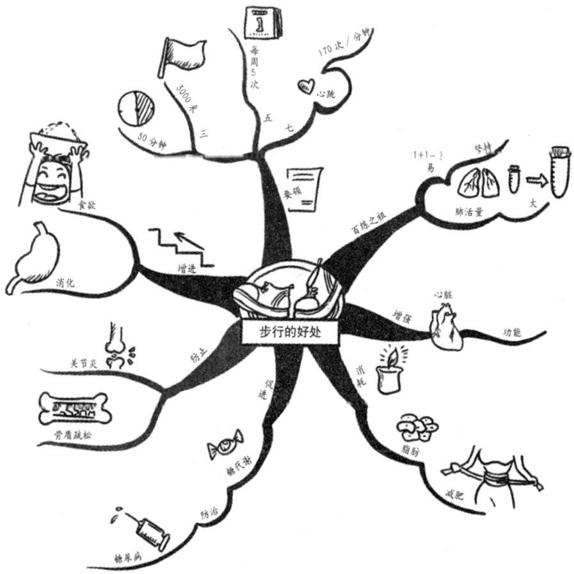

起到很好的减肥作用。

（4）步行锻炼还有助于促进人体内糖类代谢的正常化。饭前饭后散步是防治糖尿病的有效措施，研究结果表明，中老年人如果以每小时3公里速度散步1～2小时，代谢率可提高50%。

（5）步行是一种需要承受体重的锻炼，有助于延缓和防止骨质疏松症，延缓退行性关节的变化，预防和消除关节炎的某些症状。

（6）能促进食欲和消化，从而增加营养的摄取量。

步行虽然是很好的运动方式，但也要掌握一些要领。

首先要掌握三个字：三、五、七。具体地讲就是最好一次要走3公里（大约为8000步），时间在30分钟以上；一个礼拜最少运动5次；运动后心跳要达到170次/分钟。这个数字的计算是用运动后的心跳次数加年龄得出来的。如50岁的话，应运动到心跳120次/分钟为最佳状态。身体好的可以多一些，身体差的可以少一些。另外，步行运动也要做到适量，过量运动对身体是有害的，甚至会造成猝死。

第二节 跑步，最健身的运动方式

早在两千多年前古希腊的山岩上就刻下了这样的字句："如果您想强壮，跑步吧！如果您想健美，跑步吧！如果您想聪明，跑步吧！"我国民间也有俗话说："人老先从腿上老，人衰先从腿上衰。"跑步是见效最快、锻炼最全面的一种运动。

跑步是基本的活动技能，是人体快速移动的一种动作姿势。跑步和走路的主要区别在于两腿在交替落地过程中有一个腾空阶段。跑步是最简便而易见实效的体育健身内容。

近两三年来，跑步已成为国内外千百万人参加的群众健身运动，是深受广大群众所欢迎的健身项目。人们普遍认为跑步是最好的健身方法。跑步可以促进身体最根本性的器官的健康，增强心、肺、血液循环系统及其耐久力，而心血管系统的健康是身体健康的最重要标志。

跑步是一项全身性运动，尤其是依靠离心肺较远的下肢做周期性的跑步动作，推动人体向前移动，对人体影响较大。

跑步是一项实用技能，运用它锻炼身体，对正在成长的青少年来讲，是发展速度、耐力、灵巧、协调等运动素质，促进运动器官和内脏器官机能的发展，增强体质的有效手段。对中老年人来说，确是保持精力与体力、延年益寿、强身祛病的好方法。

跑步的主要健身作用有：

增强心肺功能

跑步对于心血管系统和呼吸系统有很大影响和作用。青少年坚持跑步锻炼，可发展速度耐力，促进心肺的正常生长发育。中老年人坚持慢跑，就是坚持有氧代谢的身体锻炼，可保证对心脏的血液、营养物质和氧的充分供给，使心脏的功能得以保持和提高。实践证明，有的坚持长跑的中老年人，其心脏功能相当于比他年轻25岁的不经常锻炼的人的心脏。肺部功能的情况也大体如此。

促进新陈代谢，有助于控制体重

超重和肥胖往往是患病的危险因素，而活动少则是引起超重和肥胖的重要原因之一。因此，控制体重是保持健康的重要原则之一，尤其对中年人来讲更是如此。跑步锻炼既促进新陈代谢，又能消耗大量能量，减少脂肪存积。对于那些消化吸收功能较差而体重不足的体弱者，适量的跑步就能活跃新陈代谢功能，改善消化吸收，增进食欲，起到适当增加体重的作用。可见跑步是控制体重、防止超重和治疗肥胖的极好方法。

增强神经系统的功能

户外或郊外跑步对增强神经系统的功能有良好的作用，尤其是消除脑力劳动的疲劳，预防神经衰弱。坚持跑步锻炼的人有共同体会，就是跑步不仅在健身强心方面有着明显的作用，而且对于调整人体内部的平衡、调剂情绪、振作精神也有着极好的作用。

跑步的确是最健康的运动方式，那么最“聪明”的跑步方法是什么呢？

方法：每周3～4次、每次30～40分钟的跑步对身体健康有益，有助于保持机体的柔韧性，增强灵活度，增加力量和耐力；同时减少压力，降低心脏病风险，维持健康的体重。

此外，需要注意的是，单独跑步者在途中往往会产生孤独感，这种孤独感对身体没有什么好处。由此，专家建议开展体育活动，尤其是跑步，最好是几个人结伴进行，这样做更有益于人脑健康。

第三节 跳绳，最健脑的运动方式

英国健身专家玛姆强调说，跳绳能增强人体心血管、呼吸和神经系统的功能。他的研究证实，跳绳可以预防诸如糖尿病、关节炎、肥胖症、骨质疏松、高血压、肌肉萎缩、高血脂、失眠症、抑郁症、更年期综合征等多种病症，更重要的它能使你的大脑更加聪明。

跳绳是一项运动量较大的活动，如果一个人连续跳绳 5 分钟，就相当于跑步 1000 米，跳绳 8 分钟的运动量相当于快速骑自行车 4 公里。

人在跳绳时，以下肢弹跳和后蹬动作为主，手臂同时摆动，腰部则配合上下肢活动而扭动，腹部肌群收缩以帮助提腿。

同时，跳绳时呼吸加深，胸背、膈部所有与呼吸有关的肌肉都参加了活动。因此，在跳绳时，大脑处于高度兴奋状态，经常进行这种锻炼，可增加脑神经细胞的活力，有利于提高思维能力。

从中医针灸经络学来看，跳绳对全身经络都有刺激作用。跳绳时，手握绳头，不停地做旋转运动，能刺激手掌与手指的穴位，从而疏通手部经脉，使手、上肢部的六条经脉气血畅流上输于脑。人体另外六条经脉起止于脚部，跳绳能促进四肢六条经脉的气血循环。

因此，跳绳可通经活络，从而达到醒脑、健脑作用。

弹跳活动与跳绳有着相同的锻炼效果。

弹跳活动主要锻炼肌肉组织的协调以及眼球的运动。弹跳以下肢的运动为动力，并且需要眼球的配合。由于身体不断震动，物体反复在视网膜上成像，眼球就需要不停地运动加以调节。

弹跳活动可以强壮骨骼和肌肉，提高心肺功能，改善血液循环。

跳绳和弹跳还可以刺激淋巴液的产生，从而增强人体的免疫功能。

做弹跳活动时需要使用专门的蹦床。当然也可以选择一个质量好的弹簧床垫作为运动的器材。

虽然跳绳是个不错的健身方法，但不小心很容易受伤，所以要注意以下事项：

（1）跳绳者应穿质地软、重量轻的高帮鞋，避免脚踝受伤；

（2）绳子软硬、粗细适中。初学者通常宜用硬绳，熟练后可改为软绳；

（3）选择软硬适中的草坪、木质地板和泥土地的场地较好，切莫在硬性水泥地上跳绳，以免损伤关节，并引起头昏；

（4）跳绳时需放松肌肉和关节，脚尖和脚跟需用力协调，防止扭伤；

（5）胖人和中年妇女宜采用双脚同时起落。同时，上跃也不要太高，以免关节因过于负重而受伤；

（6）跳绳前先让足部、腿部、腕部、踝部做些准备活动，跳绳后则可做些放松活动。

第四节　游泳，最减肥的运动方式

游泳是一种全身性运动，不但可以提高你的心肺功能，锻炼你几乎所有的肌肉，还可以减肥，几个月的工夫就能使你“脱胎换骨”，还你健美的身材。

在水中人的骨骼得到了充分的放松，可以有机会“伸一下懒腰”，这对于保持挺拔的身体很有好处，对于正在长身体的青少年，经常坚持游泳锻炼可以让你长成一个“高个子”。

1. **游泳消耗的能量大**

这是由于游泳时水的阻力远远大于陆上运动时空气的阻力，

在水里走走都费力，再游游水，肯定要消耗较多的热量。同时，水的导热性大于空气 24 倍，水温一般低于气温，这也有利于散热和热量的消耗。因此，游泳时消耗的能量较跑步等陆上项目大许多，故减肥效果更为明显。

2. 可避免下肢和腰部运动性损伤

在陆上进行减肥运动时，因肥胖者体重大，使身体（特别是下肢和腰部）要承受很大的重力负荷，使运动能力降低，易疲劳，使减肥运动的兴趣大打折扣，并可损伤下肢关节和骨骼。而游泳项目在水中进行，肥胖者的体重有相当一部分被水的浮力承受，下肢和腰部会因此轻松许多，关节和骨骼的损伤的危险性大大降低。

3. 可享受天然的按摩服务

游泳时，水的浮力、阻力和压力对人体是一种极佳的按摩，对皮肤还可起到美容的作用。

人在水中活动的阻力比在陆地上大 12 倍，手脚在水中运动时，你一定能感受到那强大的阻力，所以背部、胸部、腹部、臀部和腿部的肌肉在游泳当中能够得到很好的锻炼，游泳运动员身上那线条鲜明的肌肉，就是最好的证据。

游泳也是一项激烈的运动，而且水的传热速度比空气要快，即人在水中丧失热量的速度会很快，大量的热量会在游泳当中消耗掉。身上那些多余的脂肪，也会悄悄地“溶解在水中”。

要想获得良好的锻炼效果，还需要有计划地进行锻炼：初练者可以先连续游 3 分钟，然后休息 1～2 分钟，再游 2 次，每次也是 3 分钟。如果不费很大力气便完成，就可以进入到第二阶段：不间断地匀速游 10 分钟，中间休息 3 分钟，一共进行 3 组。

如果仍然感到很轻松，就可以开始每次游 20 分钟，直到增加到每次游 30 分钟为止。如果你感觉强度增加的速度太快，就可以按照你能够接受的进度进行。另外，游泳消耗的体力比较大，最好隔一天一次，让身体有一个恢复的时间。

游泳时人的新陈代谢速度很快，30 分钟就可以消耗 1100 千焦的热量，而且这样的代谢速度在你离开水以后还能保持一段时间，所以游泳是非常理想的减肥方法。对于比较瘦弱者，游泳反而能够让体重增加，这是由于游泳对于肌肉的锻炼作用，使肌肉的体积和重量增加的结果，可以说游泳可以把胖人游瘦了，把瘦人游胖了，可以让所有的人都有一个流畅的线条。

鉴于上述的原因，肥胖者确实可将游泳减肥作为自己主要的减肥运动。但在游泳前，须做好准备工作，同时必须注意安全，防止发生意外事故。

不过，女性游泳必须注意三点：

（1）忌饭前饭后游泳。

空腹游泳影响食欲和消化功能，也会在游泳中发生头昏乏力等意外情况；饱腹游泳亦会影响消化功能，还会产生胃痉挛，甚至呕吐、腹痛现象。

（2）忌剧烈运动后马上游泳。

这样会使心脏负担加重；体温的急剧下降，会导致抵抗力减弱，引起感冒、咽喉炎等。

（3）忌月经期游泳。

月经期间女性生殖系统抵抗力低弱，游泳易使病菌进入子宫、输卵管等处，引起感染。

第五节　体操，最健美的运动方式

现在时尚运动的种类真是越来越多，可以让人在不知不觉中练出好身材，还丝毫不觉得乏味。

瑜伽已不再稀奇，舍宾、街舞、普拉提这样的词汇更是层出不穷，令人应接不暇。而形体操作为一种时尚健康的运动方式，越来越受到广大时尚、爱美人士的欢迎。

当今社会，由于生活水平的提高，以及“运动不足病”和“现代文明病”的产生，使人们越来越关注自己的健康状况。

同时，人们对体育运动的需求也因此变得日趋强烈。如今，体育已不仅是人们活动肢体和获得心理调节的主要手段，而且它已成为人们健身娱乐的时尚消费。然而，健美操是目前最受人欢迎的一种体育运动。因为健美操，尤其是健身健美操，对增进人体的健康很有益，我们可以用一幅思维导图表示：

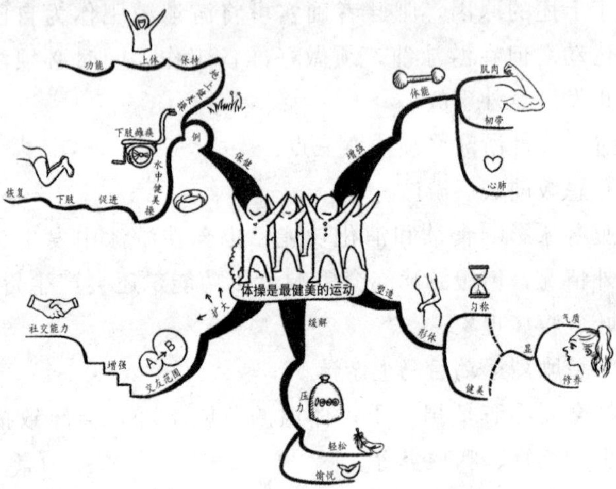

具体表现在以下几方面：

1. 增强体能

健美操是一项具有锻炼实效的运动项目。经常参加该项运动的锻炼，可提高关节的灵活性，使肌肉的力量增强，韧带、肌腱等结缔组织的柔韧性提高，使心肺系统的耐力水平提高。

与此同时，由于健美操是由不同类型、方向、路线、幅度、力度、速度的多种动作组合而成的，因此，参加健美操还可提高人的动作记忆和再现能力，提高神经系统的灵活性、均衡性，从而有利于改善和提高人的协调能力。

2. 塑造美的形体

一个人的形体是由姿态和体型两部分组成的。良好的身体姿态是形成一个人的气质风度的重要因素。通过长期的健美操锻炼，不仅可改善人们不良的身体状态，使其逐渐形成优美的体态，从而在日常生活中表现出一种良好的气质与修养，给人以朝气蓬勃、健康向上的感觉，而且经常参加健美操运动，还可帮助人们消除体内和体表多余的脂肪，维持人体能量收支的平衡，降低人的体重，保持健美的体型。尤其是力量练习，可使人的骨骼粗壮、肌肉的围度增大，从而弥补人们先天的体型缺陷，使人变得匀称、健美。

3. **缓解人的精神压力**

随着时代的发展，社会上的竞争日趋激烈，这使得人们在享受科学技术所带来的舒适生活和各种便利的同时，也受到了来自方方面面的精神压力。长期的精神压力不仅会引发躯体上的疾病，同时还会造成人们心理上的疾病。

而健美操作为一项充满青春活力的体育运动，它可使人们在轻松欢乐的气氛中进行锻炼，从而忘却自己的烦恼和压抑，使心情变得愉快，精神压力得到缓解，进而使自己拥有最佳的心态，且更具活力。

4. **增强人的社会交往能力**

现代社会中，人与人之间关系的难以处理，往往是心理不正常的一个主要原因。健美操运动则可起到调节人际关系，增强人的社会交往能力的作用。

目前，无论是国外还是国内，人们参加健美操锻炼的方式是去健身房，在健美操教练的带领和指导下，进行集体练习。而参加锻炼的人都是来自社会各阶层的。

因此，这种锻炼方式扩大了人们的社会交往面，把人们从工作和家庭的单一环境中解脱出来，可接触和认识更多的人，开阔眼界，从而也为自己的生活开辟了另一个天地。而在这种能使人的心灵和情操得到陶冶和净化，身心得到全面协调发展的健康的活动中，大家一起跳，一起锻炼，每个人都能心情开朗，解除戒心，互相交谈或交流锻炼的经验，相互鼓励。

这不仅可增进人们彼此之间的了解，产生一种亲近感，从而建立起融洽的人际关系，而且有些人还会因此成为终身的朋友。

5. 医疗保健功能

健美操作为一项有氧运动，其特点是强度低、密度大，运动量可大可小，容易控制。

因此，它除了对健康的人具有良好的健身效果外，对一些病人、残疾人和老年人而言，也是一种医疗保健的理想手段。

如：对于下肢瘫痪的病人来说，可做地上健美操和水中健美操的练习，以保持上体的功能，促进下肢功能的恢复。总之，只要控制好运动的范围和运动量，健美操练习就能在预防损伤的基础上，达到医疗保健的目的。

因此，由上所述，健美操锻炼不仅能强身健体，同时它还具有娱乐的功能，可使人在锻炼中得到一种精神上的享受，满足人们的心理需要，对增进人们的健康十分有益。

第五篇

磨砺社交技能

第一章　思考商

第一节　带着思考去工作

思考是通往问题解决的必要之路。面临问题，如果你不能积极思考，将之妥善解决，那么，问题就会成为你工作的负担，这样，不只是你本人的不幸，更是企业的不幸。

在全世界 IBM 管理人员的桌上，都摆着一块金属板，上面写着“Think”（想）。这个字的精粹，是 IBM 创始人华特森创造的。

有一天，寒风刺骨、阴雨连绵，华特森一大早就主持了一项销售会议。会议一直进行到下午，气氛沉闷，无人发言，大家开始显得焦躁不安。

这时，华特森在黑板上写了一个很大的“Think”，然后对大家说：“我们共同缺的，是对每一个问题充分地去思考，别忘了，我们都是靠脑筋赚得薪水的。”

从此，“Think”成了华特森和公司的座右铭。

无独有偶，著名的微软公司也十分重视思考的价值。微软公司的创始人兼 CEO 比尔·盖茨曾多次说道：“如果把我们顶尖的 20 个人才挖走，那么，我告诉你，微软就会变成一家无足轻重的公司。”

新闻记者史卓斯在与微软公司接触了 3 个月后写道：“据我观察，微软不像昔日的 IBM 那样，在墙上挂着训斥员工‘要思考’的牌子，而是将‘思考’彻彻底底地植入微软的血液。”

微软的最高管理层研究院的核心大约由 10 来个人组成。他们管理关键产品，组织非正式的监督组来评估每个人的工作。许多在各项目工作的高级技术人员，组成了研究院的外围。其中一些人还是公司的元老，从微软建立之初便一直在这里工作。微软公司就是靠这些出类拔萃的人物和比尔·盖茨合理的管理制度，在竞争中走向成功的。

思考让IBM、微软这些公司成为行业的领导者，对于我们个人来说，善于思考也是一项十分重要的成功喜悦。

有人调查过很多企业的成功人士，从他们身上发现了一个共同的规律：最优秀的人，往往是最重视找方法的人。他们相信凡事都会有方法解决，而且是总有更好的方法。

作为华人首富，李嘉诚的名字可谓家喻户晓。他之所以能成为首富，也并非没有规律可循：从打工的时候起，他就是一个找方法解决问题的高手。

有一次，李嘉诚去推销一种塑料洒水器，连走了好几家都无人问津。一上午过去了，一点儿收获都没有，如果下午还是毫无进展，回去将无法向老板交代。

尽管刚开始进行得不太顺利，但是他仍然不断地鼓励自己，精神抖擞地走进了另一栋办公楼。当他看到楼道上的灰尘很多时，突然灵机一动，没有直接去推销产品，而是去洗手间，往洒水器里装了一些水，将水洒在楼道里。十分神奇，经他这么一洒，原来很脏的楼道，一下变得干净起来。这一来，立即引起了主管办公楼的有关人士的兴趣，一下午，他就卖掉了十多台洒水器。

在做推销员的整个过程中，李嘉诚都十分注重分析和总结。他将香港划分成几片儿，对各片儿的人员结构进行分析，了解哪一片儿的潜在客户最多，便抽出大部分的时间专攻这些地区。短短的一年下来，李嘉诚一个人的业务量比公司所有的推销员业务量的总和还多。

三菱经济研究所的所长町田一郎氏曾说："现在是用头脑思

考，而不是用身体决胜负的时代。”

有些人则会说：“我太忙了，连考虑的时间也没有!”“以前的人也都是这么做的啊!”这些人总爱找借口逃避工作中的困难。这种做法是很不可取的。

我们都知道，一个好的创意，可以让一个濒临破产的企业起死回生，能让一个名不见经传的公司名声大噪，也能让一个成功的企业扩大战果，再创辉煌。所以，每个公司的老板都很重视员工思考能力的培养，将是否善于思考当成衡量一个员工能否晋升的重要标准。一个不能够在工作中主动思考的员工是无法做好自己的工作的，当然，他们也无法跨入优秀员工的行列，也就难以得到老板的器重。

第二节　法就在自己身上

“与其诅咒黑暗，不如点起一支蜡烛”。面对问题，诅咒和抱怨帮不了我们什么，相反，只会加深我们解决问题的难度。事实上，解决问题的关键就在我们自己手中，你要解决问题，让自己成为问题的主宰，还是向问题妥协，让自己成为问题的一部分，决定权完全在你自己手中。

吕思在一家广告公司做创意文案。一次，一个著名的洗衣粉制造商委托吕思所在的公司做广告宣传，负责这个广告创意的好几位文案创意人员拿出的东西都不能令制造商满意。

没办法，经理让吕思把手中的事务先搁置几天，专心完成这个创意文案。

接连几天，吕思在办公室里抚弄着一整袋的洗衣粉在想：“这个产品在市场上已经非常畅销了，人家以前的许多广告词也非常富有创意。那么，我该怎么下手才能重新找到一个点，做出既与众不同，又令人满意的广告创意呢?”

有一天，他在苦思之余，把手中的洗衣粉袋放在办公桌上，又翻来覆去地看了几遍，突然间灵光闪现，他想把这袋洗衣粉打开看一看。

于是找了一张报纸铺在桌面上，然后，撕开洗衣粉袋，倒出了一些洗衣粉，一边用手揉搓着这些粉末，一边轻轻嗅着它的味道，寻找灵感。

突然，在射进办公室的阳光下，他发现了洗衣粉的粉末间遍布着一些特别微小的蓝色晶体。审视了一番后，证实的确不是自己看花了眼。

他便立刻起身，亲自跑到制造商那儿问这到底是什么东西。得知这些蓝色晶体是一些“活力去污因子”。因为有了它们，这一次新推出的洗衣粉才具有超强洁白的效果。

明白了这些情况后，吕思回去便从这一点下手，绞尽脑汁，寻找最好的文字创意，因此推出了非常成功的广告。

一位人力资源培训师在课堂上打了一个很有趣的比喻：他将方法比成人身上的“虱子”，只要你用力去找，就一定能够找到。

海尔公司在进入美国市场时，刚开始并不了解该怎么做，于是他们聘请了一个美国当地人作为管理者，张瑞敏让他自己提出年薪，不管多少钱，都不打折扣地答应，但是同时也提出条件，美国十大连锁企业，海尔的产品至少要进去一半。

那个美国人说根本不可能，GE、惠尔普、美泰克是美国的前三强，它们要进去，都花了很长时间。

张瑞敏坚决不同意，他认为海尔跟在人家后边，永远不会有市场。最后美国人就同意了，他想出了一些很有创意的措施。

那个美国人就在阿肯瑟州，在沃尔玛的总部外边，树立了一个巨大的海尔广告牌。

沃尔玛的总经理经常在工作时间向窗外眺望，一眺望就看到了这个广告牌，他就问这个海尔是个什么品牌？是哪儿的？

底下人就去了解了，说海尔是中国的，这个品牌也不错，而且广告牌上有地址、电话，在美国有总部，可以联系一下。就这样，海尔和沃尔玛“接上头”了。

不怕问题、困难，就怕不想；就好像一把钥匙开一把锁，每一个问题都有解决的办法。而这把解决问题的钥匙，就在我们自己身上。

“与其诅咒黑暗，不如点起一支蜡烛”，这句话是克里斯托弗斯的座右铭，它也应当成为指导我们工作和生活的一条准则。通过诅咒和抱怨，我们什么也改变不了，黑暗和恐惧仍然存在，而且还会因为人们的逃避和夸大而增加问题解决的难度。

然而，如果我们果断地采取行动，及时寻找解决问题的方法，哪怕我们只做了一点点努力，也会使我们朝着克服困难、解决问题的方向迈进一步。同时，我们还可能在积极努力的过程中寻找到不同的、更便捷的解决问题的方法。因为解决问题的关键就在我们身上。

第三节 突破自我，才能够突破困境

突破自我，才能够突破现实的困境。

有一条小河从遥远的高山上流下来，流过了很多个村庄与森林，最后它来到一个沙漠。它想：我已经越过了重重的障碍，这次应该也可以越过这个沙漠吧！当它决定越过这个沙漠的时候，它发现河水渐渐消失在泥沙之中，它试了一次又一次，总是徒劳无功。

于是，它灰心了：“也许这就是我的命运，我永远也到不了传说中那片浩瀚的大海。”它颓废地自言自语。

这时候，四周响起了一阵低沉的声音：“如果微风可以跨越沙漠，那么河流也可以。”原来这是沙漠发出的声音。

小河流很不服气地说道：“那是因为微风可以飞过沙漠，可是我却不可以。”

“因为你坚持你原来的样子，所以你永远无法跨越这个沙漠。你必须让微风带着你飞过这个沙漠，到达你的目的地。你只要愿意放弃你现在的样子，让自己蒸发到微风中。”沙漠用它低沉的声音建议道。

这种建议超出了小河的想象，“放弃我现在的样子，然后消失在微风中？不！不！”小河流无法接受这样的事情，毕竟它从未有过这样的经验，叫它放弃自己现在的样子，那不等于自我毁灭吗？“我怎么知道这是真的？”小河流这么问。

“微风可以把水汽包含在它之中，然后飘过沙漠，等到了适当的地点，它就把这些水汽释放出来，于是就变成了雨水。然后，这些雨水又会形成河流，继续向前进。”沙漠很有耐心地回答。

“那我还是原来的河流吗？”小河流问。

“可以说是，也可以说不是。”沙漠回答，“不管你是一条河流或是看不见的水蒸气，你内在的本质从来没有改变。你之所以会坚持你是一条河流，因为你从来不知道自己内在的本质。”

此时，小河流的心中，隐隐约约地想起了自己在变成河流之前，似乎也是由微风带着自己，飞到内陆某座高山的半山腰，然后变成雨水落下，才变成今日的河流。于是，小河流终于鼓起勇气，投入微风张开的双臂，消失在微风之中，让微风带着它，奔向它生命中的归宿。

生命是一个不断改变以适应外界变化的过程。只有不断地调整自己的心态，积极改变，才能战胜生活中的重重困难，顺利地走向成功。

海尔刚刚拓展海外市场的时候，很多人不理解，海尔守着中国市场，完全可以吃大块的肉，可到了国外市场，或许只有喝汤的份儿。

对此，张瑞敏的看法不同，他觉得海尔之所以要走出去，并不是因为他们强大到什么都不怕，相反，是因为想到不出去的后果更可怕，所以才出去。

如果不出去，就很难知道竞争对手有什么样的实力，有什么样的规则。所以，张瑞敏曾提出一个口号叫做“国门之内无名牌”，必须走出去，锻炼和提高自己的竞争能力。

张瑞敏说：“海尔刚刚出去的时候，只是刚刚进小学的一个小学生，但是我们的对手可能是大学生或者是研究生，我们根本不可能和人家对话。

“虽然小学生是一定要败给大学生的，但这个小学生是为了想成为大学生才出去的，所以，我们要老老实实地向人家学习，慢慢地提高自身的竞争能力。”

有人问张瑞敏：“如果先把小学生培养成大学生，再出去跟他们较量，会不会更好一些呢？”

张瑞敏回答道：“在这个环境里头永远培养不出大学生来，打个比方来说，你要游泳，但是你老是在岸上，不下水，在地面上学习这些动作，即使这个动作学习得再好、再漂亮，你也永远不会成为游泳高手。

“所以，必须在水中学习游泳，进去之后可能会喝几口水，可能会受一些挫折，但是最终你一定会成功。”

张瑞敏之所以冒天下之大不韪，选择到美国设厂，为的就是四个字：先难后易。

虽然海尔的国际化进程一开始并不被一些保守人士所接受，然而据海尔自己披露，自 1998 年以来，海尔在美国的销售量年均增长率达 115%，市场份额也在不断扩大，海尔的公寓冰箱及小型冰箱已占美国 30%以上的市场份额，海尔冷柜已占 12%的份额，海尔酒柜已占有 50%以上的份额。

就像一个企业一样，我们自身也会面临许多层出不穷的问题，当我们遇到困境和难题的时候，也应当像海尔一样，要勇于自我挑战和自我超越，只有突破了自我，才能够突破困境。

第四节 依靠想象获得创意

想象力是创意和方法的沃土，俗话说：“不怕做不到，只怕想不到”。面对工作中的种种问题，只要你能够主动发挥想象，充分利用各种现有的条件和资源，那么再难的问题都能够找到有效的解决方法。

美国华盛顿广场有一座宏伟的建筑，这就是杰弗逊纪念馆大厦。这座大厦历经风雨沧桑，年久失修，表面斑驳陈旧，政府非常担心，派专家调查原因。

调查的最初结果认为侵蚀建筑物的是酸雨，但后来的研究表明，酸雨不至于造成那么大的危害，最后才发现原来是冲洗墙壁所含的清洁剂对建筑物有强烈的腐蚀作用，而该大厦墙壁每日被冲洗的次数大大多于其他建筑，因此，腐蚀就比较严重。

问题是为什么要每天清洗呢？因为大厦被大量的鸟粪弄得很脏。为什么大厦有那么多鸟粪？因为大厦周围聚集了很多燕子。

为什么燕子专爱聚集在这里？因为建筑物上有燕子爱吃的蜘蛛。为什么这里的蜘蛛特别多？因为墙上有蜘蛛最喜欢吃的飞虫。

为什么这里的飞虫这么多？因为飞虫在这里繁殖得特别快。为什么飞虫在这里繁殖得特别快？因为这里的尘埃最适宜飞虫繁殖。

为什么这里的尘埃最适宜飞虫繁殖？其原因并不在尘埃，而是尘埃在从窗子照射进来的强光作用下，形成了独特的刺激，致使飞虫繁殖加快，因而有大量的飞虫聚集在此，以超常的激情繁殖，于是给蜘蛛提供了丰盛的大餐。

蜘蛛超常的聚集又吸引了成群结队的燕子往返流连。燕子吃饱了，自然就地方便，给大厦留下了大量粪便……

因此，解决问题的最终方法是：拉上窗帘。结果，杰弗逊大厦至今完好。

可见，解决问题不仅要靠智慧，而且也要靠想象力，借助想象力的翅膀飞越问题所在的圈子，以一个更高更远的视角去审视问题，问题的答案自然就会水落石出。

非洲岛国毛里求斯大颅榄树绝处逢生，就是得益于科学家丰富的联想。在这个国家有两种特有的生物——渡渡鸟和大颅榄树，在十六、十七世纪的时候，由于欧洲人的入侵和射杀，使得渡渡鸟被杀绝了，而大颅榄树也开始逐渐减少，到了20世纪50年代，只剩下13棵。1981年，美国生态学家堪布尔来到毛里求斯研究这种树木，他测定大颅榄树年轮的时候发现，它的树龄是300年，而这一年，正是渡渡鸟灭绝300周年。

实际上，渡渡鸟灭绝之时，也就是大颅榄树绝育之日。这个发现引起了堪布尔的兴趣，他找到了一只渡渡鸟的骨骸，伴有几颗大颅榄树的果实，这说明了渡渡鸟喜欢吃这种树的果实。

一个新的想法浮上了堪布尔的脑海，他认为渡渡鸟与种子发芽有莫大的关系，可惜渡渡鸟已经在世界上灭绝了，但堪布尔转而想到，像渡渡鸟那样不会飞的大鸟还有一种仍然没有灭绝，吐绶鸡就是其中一种。

于是他让吐绶鸡吃下大颅榄树的果实，几天后，被消化了外边一层硬壳的种子排出吐绶鸟体外，堪布尔将这些种子小心翼翼地种在苗圃里，不久之后，种子长出了绿油油的嫩芽，这种濒临灭绝的宝贵树木终于绝处逢生了。

有一位思想家说过一句很著名的话："生活中不是缺少美，而是缺少发现美的眼睛。"

我们也可以把这句话换一种说法：在我们的工作中并不缺乏创意和方法，而是缺乏能够带来创意和方法的想象力。

在工作当中，我们经常会遇到各种各样的偶然事件。假如我们能够利用这些偶然的机会，充分发挥自己的想象，挖掘对自己有用的信息，我们就会发现工作中处处充满了创意和机遇。

乔治是一家知名杂志社的编辑。在他年轻时，有一回，他看见一个人打开一包纸烟，从中抽出一张纸条，随即把它扔在地上。乔治拾起这张纸条，见上面印着一个著名女演员的照片，下面有一行字："这是一套照片中的一幅。"他把纸片翻过来，发现背面是空白的。

乔治拿着这张纸片边走边想："如果把印有照片的纸片充分利用起来，在它的背面印上人物的小传，价值就会提高了。"于是，他找到印刷这种纸烟附件的公司，向经理说明了他的想法。这位经理立即说："如果你给我写这些东西，我会付给你丰厚的薪酬。"

这就是乔治最早的写作任务。后来，他的业务与日俱增，又聘请了一些人来帮自己工作。就这样，他渐渐成了一位著名的编辑。

爱因斯坦说过："想象力比知识更重要，因为知识是有限的，而想象力概括着世界上的一切，并且是知识进化的源泉，严格地说，想象力是科学研究中的实在因素。"

爱因斯坦如此推崇想象，是因为他知道想象力是一个人干好工作的起码要求，想象力是人类进步的主要动力，没有了想象，人类将永远停滞在野蛮落后的状态之中。

想象力是创新的翅膀，是创意的源泉，有时候一个小小的创意就能够为你带来意想不到的成功。

李娟在一家大公司做会计，公司的贸易业务很繁忙，节奏也很紧张，往往是上午对方的货刚发出来，中午账单就传真过来了，随后才是快递过来的发票、运单等。她的桌子上总是堆满了各种讨债单。

讨债单实在太多，而且都是千篇一律的要钱，她常常不知该先付给谁好。经理也一样，总是大概看一眼就扔在桌上，说："你看着办吧。"但有一次经理却马上说："付给他。"而这也是仅有的一次。

那是一张从巴西传真过来的账单，除了列明货物标的价格、金额外，大面积的空白处写着一个大大的“SOS”，旁边还画了一个头像，头像正在滴着眼泪，线条虽然简单，但却很生动。

这张不同寻常的账单一下子引起了李娟的注意，也引起了经理的重视，他看了便说：“人家都流泪了，以最快的方式付给他吧！”

经理和李娟心里都明白，这个讨债人未必在真的流泪，但他却成功了，一下子以最快的速度讨回了大额货款。因为他多用了一点心思，把简单的“给我钱”换成了一个富含人情味的小幽默、小花絮，仅此一点，就让自己从千篇一律中脱颖而出。

想象力是创意和方法的沃土，俗话说，不怕做不到，就怕想不到，只要我们每个人能充分利用现有的条件和资源，就一定能找到解决问题的有效方法。

第五节　用新思维改写工作中的“不可能”

一切皆有可能。不敢向高难度的工作挑战，是对自己潜能的画地为牢，只能使自己无限的潜能化为有限的成就。如果你想取得事业上的辉煌成就，使自己成为公司发展的关键力量，你就要丢掉心中的限制，积极利用新思维，寻找新方法，用行动改写工作中的“不可能”。

在自然界中，有一种十分有趣的动物，名叫大黄蜂。曾经有许多动物学家、物理学家、社会学家联合起来研究大黄蜂。

根据动物学的观点，所有会飞的动物，其条件必须是体态轻盈、翅膀宽大，而大黄蜂却跟这个观点反其道而行。大黄蜂的身躯十分笨重，而翅膀却出奇的短小。依照动物学的理论来讲，大黄蜂是绝对飞不起来的。

而物理学家的论调则是，大黄蜂身体与翅膀的这种比例，从流体力学的观点来看，同样是绝对没有飞行的可能。

可是，在大自然中，只要是正常的大黄蜂，却没有一只是不能飞的，甚至于，它的飞行速度并不比其他能飞的动物差。这种事实的存在，仿佛是大自然和科学家们开了一个大玩笑。

最后，社会学家揭开了这个谜。谜底很简单，那就是——大黄蜂根本不懂“动物学”与“流体力学”。每只大黄蜂在它长大之后，就很清楚地知道，它一定要飞起来去觅食，否则就会被活活饿死！这正是大黄蜂之所以能够飞得那么好的奥秘。

我们不妨从另外一个角度来设想，如果大黄蜂能够接受教育，明白了生物学的基本概念，而且也了解了流体力学。那么，这只大黄蜂，它还能够飞得起来吗?

在你的工作和生活中，很多人在无意之间向你灌输了许多“不可能”的思想，这些思想会给你的心灵“设限”，制约你潜能的发挥，但是，如是你把这种种的“不可能”从心头抛开，你就能够到达你平时难以企及的高峰。

1992年底，78岁的IBM仿佛患上了老年痴呆症，一下子陷入了亏损额50亿美元的泥坑里，举步维艰。

昔日威风八面的蓝色巨人变成没人理睬的乞丐。GE的杰克·韦尔奇与SUN的麦克尼里等专家、高手都拒绝高薪，不愿意去挽救IBM。

后来，IBM费尽力气，终于说服了路易·郭士纳前去执掌IBM的帅印。于是，被媒体描述成“一只脚已经踏进了坟墓”的IBM，迎来了这位对IT行业完全陌生的新CEO，后来被世人津津乐道的传奇人物郭士纳先生。

不过，当时大家知道郭士纳先生要接掌IBM时，很多人向他投去了怀疑的眼光或冷嘲热讽的态度。他们认为：一个靠经营食品业起家的人，一个对计算机完全外行的人，又如何能担当得起这一重任呢?

但是，随着时光的流逝，郭士纳先生给大家的结果是惊喜!

因为，今天我们已经看到，一个当初亏损 81 亿美元的 IBM 公司，如今已经变为销售额高达 860 亿美元，赢利 77 亿美元的行业楷模。公司的股票价值增值了 800%，市值增长了 1800 亿美元。

这些惊人的数字，就是当初那位计算机行业的“门外汉”路易·郭士纳先生带领 IBM 员工们创造出来的。这是一个给那些怀疑“门外汉”做不了专业活的人的最好反击。

郭士纳先生的成功带给我们这样一个启示：世上无难事，只怕有心人。面对困难，只要你勇于尝试，利用新思维，积极寻求解决方案，那么“不可能”也能够变为“可能”。

张小姐从旅游学院毕业不久，就到一家著名饭店当接待员。参加工作不久，她就遇到了一个棘手的问题。

那天，一位来自美国的客人焦急地向值班经理反映：来中国前，他就预订了法国——日本——中国香港——北京——西安——深圳——新加坡的联票。但是，由于疏忽，一张去西安的机票没有及时确认，预定的航班被香港航空公司取消了。这一下他急了，他到西安是去签订合同的。如不能及时赶到，将造成很大的损失。

酒店的老总当即安排张小姐和另外一位老接待员解决这一问题。她们一起到民航售票处，向民航的售票员介绍了有关情况，希望她能够帮忙解决这一问题。

但售票员的回答是：“是中国香港航空公司取消的航班，和我们没有关系。”

还有其他办法吗？再重新买票已经来不及了，因为票已经全部售完了。

于是她们再一次向售票员重申：“这是一个很重要的外国客人，如不能及时赶到会造成很大的损失。”但售票员的回答仍然是：“对不起，我也无能为力。”

张小姐问：“难道就再没有别的办法吗？”

售票员说："如果是重要客人，你们可以去贵宾室试试。"

她们立即赶到贵宾室。但在门口就被拦住了，工作人员要求她们出示贵宾证。这一下她们又傻眼了。此时此刻，到哪里去办贵宾证啊？

张小姐不甘心，又向工作人员重申了一遍情况，但工作人员还是不同意让她们进去。她突然动了一个念头，于是问了一句："假如要买机动票，应该找谁？"

回答是："只有找总经理。不过我劝你们还是别去找了，现在票紧张得很呢！"

碰了这么多次壁，同去的接待员已经灰心丧气了。她想：要找总经理，那恐怕更没有希望。于是，她拉着张小姐的手说："算了吧，肯定没希望了，还是回去吧，反正我们已经尽力了。"

那一瞬间，张小姐也有点动摇了，但很快她又否定了自己的想法，还是毫不犹豫地向总经理办公室走去。

见到总经理后，她将事情的来龙去脉又讲述了一遍。总经理听完之后，看着她满是汗水的脸，微微一笑，问："你从事这项工作多长时间？"

得知她刚刚参加工作，总经理被她认真负责的态度感动了，说："我们只有一张机动票了，本来是准备留下来给其他重要客人的。但是，你的敬业精神和对客人负责的态度让我非常感动。这样吧，票就给你了。"

当她把机票送到焦急的客人手上时，客人简直是喜出望外，酒店的总经理知道这件事后，当着所有员工的面对她进行了表扬。不久，她被破格提拔为主管。

一次，她对一个朋友讲述了这个故事。朋友问她："你为何能做到这点？"

她回答说："其实，当我的同事说一点希望也没有的时候，我也很想放弃，我已经被拒绝多次了，我也怕见到总经理后，仍然会遭到拒绝。

“但是，我不想放弃最后的一点希望。这件事让我明白了一个道理：无论遇到什么样的困难，只要你肯努力，不轻易放弃，总会找到解决办法的。”

西方有句名言：“一个人的思想决定一个人的命运。”不敢向高难度的工作挑战，是对自己潜能的限制。

“职场勇士”与“职场懦夫”，在老板心目中的地位有天壤之别，根本无法并驾齐驱、相提并论。一位老板描述自己心目中的理想员工时说：“我们所急需的人才，是有奋斗进取精神，勇于向不可能完成的工作挑战的人。”

第二章 社交商

第一节 利用思维导图提高情商

著名 GOOGLE 公司中国区总裁李开复曾说："情商意味着：有足够的勇气面对可以克服的挑战、有足够的度量接受不可克服的挑战、有足够的智慧来分辨两者的不同。"自 20 世纪 90 年代以来，一个新的名词"情商"被人们普遍使用，有研究者甚至认为，一个人的成功，情商因素远远大于智商因素。

那么什么是情商呢？情商是怎么被人们发现的，这个概念又是谁提出来的？我们能不能把握自己的情商呢？

科学研究的结果表明，人的情商不是一成不变的，是可以通过对大脑的开发及科学的训练能够得到不断提高的。大量的实践证明思维导图就是可以引导大家迅速提高情商的有力工具。

情商就是情绪商数，情绪智力，情绪智能，情绪智慧。也就是我们经常说的理智、明智、理性、明理，主要是指的你的信心，你的恒心，你的毅力，你的忍耐，你的直觉，你的抗挫力，你的合作精神等等一系列与人素质有关的反映程度。它是一个人感受理解、控制、运用表达自己以及他人情绪的一种情感能力。

1995 年，美国哈佛大学心理学教授丹尼尔·戈尔曼提出了"情商"（EQ）的概念，认为"情商"是一个人重要的生存能力，是一种发掘情感潜能、运用情感能力影响生活各个层面和人生未来的关键品质因素。戈尔曼认为，在成功的要素中，智力因素固然是重要的，但情感因素更为重要。

丹尼尔·戈尔曼在其所著的《情感智商》一书中说："情商高者，能清醒了解并把握自己的情感，敏锐感受并有效反馈他人情绪变化的人，在生活各个层面都占尽优势。情商决定我们怎样才能充分而又完善地发挥我们所拥有的各种能力，包括我们的天赋能力。"丹尼尔·戈尔曼所偏重的是日常生活中所强调的自知、自控、热情、坚持、社交技巧等心理品质。

为此，他将情商概括为以下五个方面的能力：

(1) 认识自身情绪的能力；

(2) 妥善管理情绪的能力；

(3) 自我激励的能力；

(4) 认知他人情绪的能力；

(5) 人际关系的管理能力。

哈佛心理学家麦克利兰研究一家全球餐饮公司，发现高情商的人中，87%业绩突出，奖金额领先，其所领导的部门销售额超出指标15%～20%。而情商低的人，年终考评成绩很少取得优秀，其所领导的部门业绩低于指标20%。所以，著名的二八法则告诉我们：成功的20%靠智商，80%靠情商。

在这里，有三种提升情商的途径：

学会控制情绪是提升情商的前提

很多人在情绪发作过后，错已铸成的时候，才后悔当初没有控制好自己的情绪，其实问题的所在并不是他没有控制情绪的能力，而是他没有在日常生活中养成控制自己情绪的习惯，没有认识到失去控制的情绪是可以随时将人带入天堂或地狱的。

情商较高的人往往能有效地察觉出自己的情绪状态，理解情绪所传达的意义，找出某种情绪和心境产生的原因，并对自我情绪作出必要和恰当的调节，始终保持良好的情绪状态。

情商较低的人则因不能及时地认识到自我情绪产生的原因，而无法有效地对情绪进行控制和调节，导致消极情绪如雾一样弥漫心境，久久难以消退。

所以，要想完善自己的行为，必须从头脑开始打造自己。而要打造高情商，就要通过反复的实践去领悟，让思想逐渐感化自我。我们要通过加强修养逐渐学会控制自己的情绪，如果你能够成为驾驭自己情绪的主人，你未来的人生肯定会更加美好。

培养自信心是提升情商的基础

自信，是一个人做任何事情的基础、获取成功的基石。怀着自信的心态，一个人就能成为他希望成为的样子。

生活中蕴藏着这样一个道理，强者不一定是胜利者。但是，胜利者都属于有信心的人。一个不能说服自己能够做好所赋予任务的人，不会有自信心。

平时，对自信习惯的培养很重要。对事情进行分析，找出事情获得成功的关键因素，对非关键性因素，自己的非能力，要正确面对，要学会抓大放小。

一个具有有自信心的人，通常会认为自己有智慧、有能力，至少不比别人差；有独立感、安全感、价值感、成就感和较高的自我接受度。同时，有良好的判断力、坚持己见，具有良好的合作精神和适应性。

一个自信的人，不会在任何困难面前轻易低头。你觉得自己将无一是处，你就不会再向更高的目标努力。因为良好的自我心像表现出来就是自信心。

用幽默感提升情商层次

在幽默大师查理·卓别林眼里，幽默是智慧的最高体现，具有幽默感的人最富有个人魅力，他不仅能与别人愉快相处，更重要的是拥有一个快乐的人生。

幽默能使生活变得轻松，使你生活在愉快的氛围里。生活虽然说起来虽然充满了喜怒哀乐，但是谁都盼望自己的生活中多一些欢乐，少一些忧愁和烦恼。幽默的语言可以对人们的生活做出恰当的喜剧性反映，它通常会带给人们极大的趣味性和

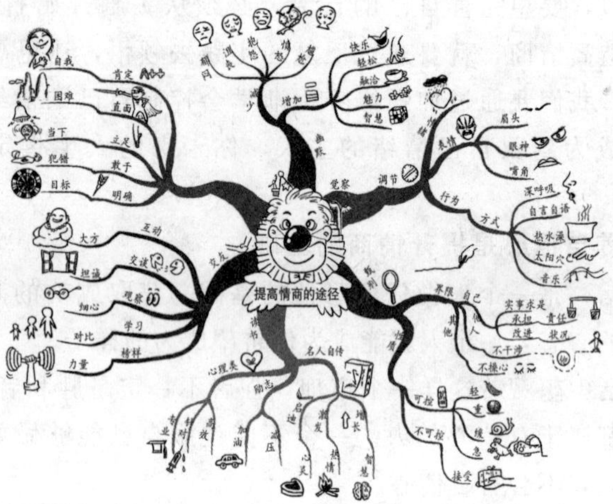

娱乐性，有时它还可以消除生活中的一些窘境，减少那些不愉快的情绪，给生活带来轻松和乐趣。

幽默在人们生活中的重要性，如同生物对于阳光、水和空气的需要。对疲乏的人们，幽默就是休息；对烦恼的人们，幽默就是解药；对悲伤的人们，幽默就是安慰；对所有的人，幽默就是力量！

第二节　用爱心和诚信编织自己的社交网络

生活中，当你迫切需要有一位知心朋友、一份新工作、一栋新房子或提升你的专业技能时，你可以去找专业人士咨询介绍。但是如果你拥有一个完好的社交网，你完全可以不花这份“冤枉”钱，你所需要的一切建议都可以从人际网中免费获得，而且是最快速、最安全、最可靠的。

当然，这个前提是你必须用爱心和诚信来编织。同时你需要建立一个自己的朋友档案。

那么，平时应该怎样建立自己的朋友档案呢？

首先，你可以把上学时的同学资料做一个记录整理出来，当毕业几年甚至几年后，你会有很多同学分散在各种不同的行业，有的可能已经在某个行业小有成就。当你需要帮忙时，凭着你们原来的同窗关系，他们一定会帮你忙的。这种同学关系还可从大学向下延伸到高中、初中、小学，如能充分运用这种关系，这将是你一笔相当大的资源和财富。当然，要建立起这些同学关系，你得经常与他们保持联系，并且随时注意他们对你的态度。

其次，整理你身边朋友的资料，对他们的具体情况做个详细记录。他们的住所、电话、工作等。工作变动时，也要在你的资料上随时修正，以免需要时找不到人。

同学和朋友的资料是最不能疏忽的，你还可以在档案中记下他们的生日，并在他们生日时寄上一张贺卡，或者一份精美礼物，这样你们的关系一定会突飞猛进。平时注意保持这种关系，到你有事相求时，他们一定会尽力相助，万一他们自己帮不了你，也可能动用自己的关系网为你帮忙。

同时，在应酬场合中认识的“朋友”也不能忽略，尽管你们只交换过名片，还谈不上交情。这种“朋友”面很广，各行业各阶层都有，所以你应该保留好这些名片，并且在名片上尽量记下这个人的特征，以备再见面时能“一眼认出”。

现代社会，电脑已经成为很多人不可缺少的办公设备，因此你也可以用电脑建立一个朋友档案。也有人用笔记簿，还有人用名片簿，这些都各有长处。

不管你使用什么方法，在建立这种档案时，有几点你必须记住：每个朋友对你都有用处，每个朋友都不可放弃，每个朋友都要保持一定的关系。

人与人之间的感情是在相处中慢慢培养出来的，人与人之间关系也会随着感情的加深而加深。在现代社交中，不仅要拥有自己的朋友档案，还要学会如何与他人和谐相处，这样才能将“社会关系”这张网编织完美。

那么，怎样才能使自己广结人缘并与他人和谐相处？

要想与人和谐相处，最起码应该做到以下几点：

(1) 要学会真诚地欣赏和赞美别人的长处，因为每个人的身上都有自己闪光的一面，所以学会欣赏并赞美别人，是赢得友谊的第一步；

(2) 在与人相处时，不要处处争强好胜，处处显得比对方强，这样容易引起对方的反感，甚至引发矛盾；

(3) 在与人交往中，应学会分享别人的喜怒哀乐，注意给他人以支持和鼓励；

(4) 要学会尊重和认可他人的独特性，尊重他人的隐私权，给他人以独处的空间和时间。

只有当我们了解了他人和自我之后，才会积极主动地与他人交往，取得他人的认可和接受，以乐观向上的态度面对生命的每一天，学会善待自己，善待他人，是与他人和谐相处的基础。

生活中，只有你懂得了怎样与人和谐相处之后，才能结交更多的好朋友，学习到更多的东西，甚至帮助你迈向更大的成功。相反，也许你很能干，聪明过人，可是不懂得维护自己的“网络”，搞得关系紧张，人们不喜欢你，那么很多人为的机遇就会与你失之交臂，到头来你将一事无成。

现在，请你找出一张空白纸出来，画一幅表示你人际关系的思维导图，称量一下自己与人交往中，爱心和诚信的重量是多少？接下来，你就知道该怎么做了。

第三节　换位思维法

换位思考是人际交往的重要方面，可以避免争端，有效缓和人与人之间的矛盾。

换位思考的一个特点是，必须站在对方的立场去感受和思

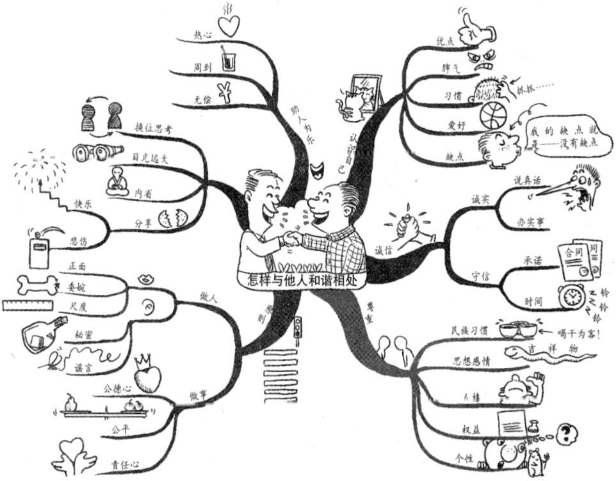

考。如果我们总是站在自己的位置上去“猜想”别人的想法及感受，或是站在“一般人”的立场上去想别人“应该”有什么想法和感受。那么，可想而知，会有一个什么样糟糕的结果。

有时候，我们看起来是在为对方思考，但是，你不仅没有因此而得到别人的感激，甚至还惹起别人的反感。当事情的后果不如我们所想象或期待时，我们也多半觉得委屈，觉得“出力不讨好”。那么，事情是不是真的这样呢？还是有其他原因？

仔细分析就会发现，这种换位思考并不是真正的换位思考，而是以本位主义来了解别人的想法及感受，这并非真正地为别人着想，因为它忽略了“对方”真正的想法及感受。这样导致的结果有可能使彼此间的关系变得更加紧张，因为大家都没有彼此完全理解或欣赏对方的观点。

比如，A、B两个人以前是很好的伙伴，这次闹了矛盾，A总觉得是B伤害了自己，他就认为是B不好。而B认为是A伤害了自己，他也觉得A不好。如此下去，两人的误会越来越深，甚至到了无法调和的地步。

但是，运用思维导图就可以化解开两人的矛盾，给双方提供一个交流的平台，避免更负面的影响。

另外，还可以借助思维导图的发散性和无所不包的本质，使矛盾双方把各自的问题放在一个更为宽广和积极的环境下加以分析考虑。

不得不承认的是，在使用思维导图较为广泛的地方，不少人因为制作思维导图，真正地互换位置对对方考虑，最终成功挽救了彼此间的友谊。

比如，面对A、B两个的误解，我们同样可以用思维导图化解，但前提是，两人都完全认可并理解思维导图的理论和应用方面的有效作用。

首先，矛盾双方可以分别制作一个思维导图，把自己体会到的问题和对方在交流时表现出来的问题罗列出来。

比如，A在中央图像的上下两端画上两个人的人脸，中间由一条粗线连接，然后围绕两人表现出一些基本的人性特征。

A在中间连接线的左边标出影响两人的消极特征，是对两人不利的方面；在连接线的右边标出两人的积极特征，而且是有助于解决问题的方面。

同时，A还可以在图形的左边列出引起两人矛盾的环境因素，而右边可以相应地列出可以克服冲突问题的一些特征品质和方法。

另外，A为了表达换位思考的重要性，达到消除误会的目的，还可以在消极的一面画上表示交流被完全封闭，彼此听不进任何意见的图像，代表着冲突、争斗和不团结；在积极的一面画上笑脸，表示创造、友善、幸福和高效率。

B也需要制作一幅单独的思维导图，把自己对冲突事件的认识，喜欢以及讨厌对方的一些方面罗列出来，包括解决问题的方案。

为了使问题细化、客观，两个也可以分别画三幅思维导图，把喜欢对方、讨厌对方、解决方案分别绘制出来。

然后，两人可以坐在一起进行正式讨论，两人也可以轮流表达自己的观点，可以先针对负面的消极的思维导图，再讨论积极的思维导图，最后一起探讨解决的方案。

两人在探讨过程中，允许一方发表意见，另一方只是聆听，一定要听对方讲完。或者在事先准备好的白纸上，把对方的观点全面而准确地做成思维导图。当另一方发表意见的时候，互相轮换，一方同样制作思维导图。

最后的关键是，两人彼此交换意见，包括探讨解决问题的方法。紧接着，两人可以把双方意见中一致的地方找出来，并确定一个行动方案，使冲突得到最大程度的化解。

第四节　悉心倾听，开启对方的心门

倾听是一门艺术，运用思维导图，同样可以艺术地帮助我们。

古罗马诗人帕布利琉斯·赛勒斯曾经表示：一个人对他人感兴趣的最好、最简单、最有效的方法就是倾听他们说话——真正在听，关注他们说的每一句话，而不是站在那里盘算自己接下来该说些什么话题或奇闻逸事！

积极的悉心的倾听，能够表明你对对方的重视和尊重，能够轻易获得对方的好感，是走进他人内心的钥匙。

如果你在同别人谈话时，对方将脸扭向一边，一副漫不经心、爱理不理的样子，那么你的谈话兴趣就会突然大减。也许你会猜测，对方一定是不想我继续说下去，或者提醒我“不要再说下去了，我根本就没有听进去！”于是，一场谈话只能半途而废。

其实，倾听别人说话就是这样，你若能耐心地听对方倾诉，这就等于告诉对方“你说的东西很有价值”“你是一个值得我结交的人”。无形中，对方的自尊得到了满足。这样，彼此心灵间的交流就会使双方的感情距离越来越近。可见，善于倾听无形中起到了褒奖对方的作用，是建立良好人际关系的一个必要的手段。

交谈与倾听过程中，其实是按照一定的顺序进行的，不是想说什么就说什么，想什么时候说就什么时候说。即，需要双方的相互配合才能使谈话进行下去。

在这里，为你介绍几种倾听的艺术，供你参考：

（1）创造一个适合交谈和倾听的环境。比如环境很安静，能使对方达到身心放松的状态；

（2）在倾听对方说话过程中，要适时地表现出积极的身体语言，你能获取比对方说的话本身更多的内容；

（3）利用眼睛的优势，热情的目光可以表明你对聆听非常感兴趣，因而也仍然对他人感兴趣；

（4）客观看待一些容易触发我们负面情绪的词汇，试着用更开放的态度去看待它们；

（5）学会一边聆听一边注意思考对方的身体语言，及时捕捉到对方的弦外之音，但不能表现出走神儿；

（6）在不必要的情况下，尽量不要打断对方的讲话，注意对方的陈述；

（7）如果要插话的话，注意你讲话的时间不能太长，千万不要使对方变成你的聆听者；

（8）注意把握最核心的问题，如果对方的讲话已经脱离主题，你可以巧妙地把话题拉回来；

（9）心态要保持平和，充满耐心，自己更不能有偏见，不要造成争论的发生；

（10）不要随意猜测对方的意思，更不宜提前说出你的结论；

（11）在某些场合可以做笔记，不仅有助于你的聆听，也会让对方感觉到你对他讲话内容的重视；

（12）聆听着要懂得随声附和，并配合对方的表达速度而进行思考，跟着对方的节奏走，遇到不懂的问题要提出疑问，并得到确认。因为这些语意不清或不了解的话，可能就会造成以后彼此的误会；

（13）最后，当你耐心地听完对方的谈话后，自己也应该说一些和对方的话题有关的话。比如对方说："我对这些方面也很感兴趣。"接着可以继续说下去，甚至使自己变说话者，对方变成聆听者。这样经过及时交换位置的谈话也是交流取得成功的关键所在。

如果你是一个好的聆听者，善于倾听别人说话可以获得的3种好处：

1. 因为倾听而获得理解

如果你不能理解对方的谈话，你就不可能使事情很有条理地进行。而你能不能理解对方的谈话，完全取决于我们能不能专心聆听对方的谈话。

2. 因为倾听而可以下判断

如果你不能聆听对方的谈话，如何去判断他的想法。不能判断他的想法，就根本不能够利用他的想法创造有利于自己的状况。

3. 因为倾听而影响对方

在你聆听别人说话的同时，可以思考出如何影响他的方法。你提供对方说话的机会，就是让对方把说服他所必备的利器交到你的手中。但是，你必须记住，为了影响别人而聆听他人说话时，不可以有先入为主的观念，而必须敞开胸怀仔细聆听才可以。

当然，如果你能在聆听过程中，着手绘制思维导图的话，可以获得意想不到的好处，哪怕是在纸上信手涂鸦，它也可以帮助你集中注意力，能够挖掘你惊人的大脑智能，是比一般线性笔记更能让你轻松记住更多内容的方式。

同时，思维导图还可以在你大脑中用词汇和图像创造出丰富的联想，而且思维导图画得越独特，色彩越丰富，效果就越好。

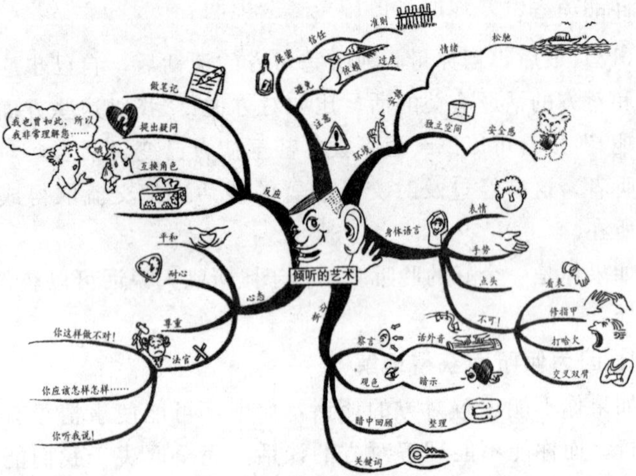

第五节　如何打造个人品牌

美国商业图书《个人品牌》的两位作者戴维·麦克纳利和卡尔·D. 斯皮克指出，要想利用企业智慧来推动个人成功，要想拥有和谐愉快的生活，你就要像那些“品牌明星”们一样，建立起自己强有力的个人品牌，让大家都真正理解并完全认可你。

你想知道21世纪最巧妙的职场成功法则吗？答案就是打造个人品牌。美国著名管理专家汤姆·彼得斯曾说：“大公司都了解品牌的重要性……现在，在个人主义时代，你必须拥有你自己的个人品牌。”

在经济活动中，品牌的概念有很准确的定义：品牌是买主或潜在买主所拥有的一种印象或情感，描述了与某组织做生意或者消费其产品或服务时的一种相关体验。

将品牌的概念放在个人角度去考虑，那就是：你的品牌是他人持有的一种印象或情感，描述了与你建立某种关系时的全部体验。

你的品牌就是你的身价！美国电影明星伍迪·艾伦说："只要在工作中为人所知，那么，你就成功了90%。"对一个演员来说，这是至理名言。而对于职场来说，个人品牌同样重要。

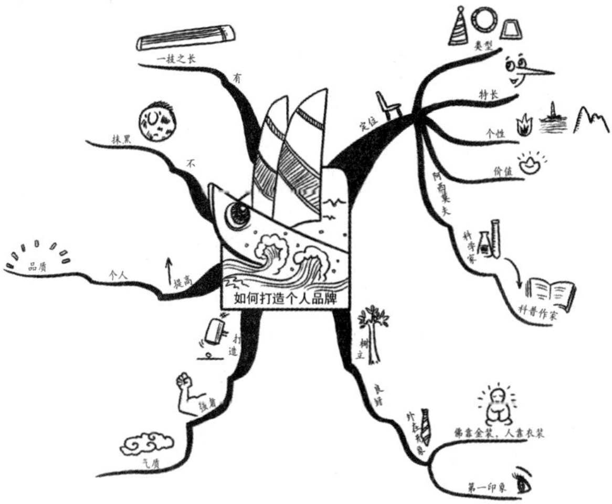

个人品牌的价值影响到你在职场上的成功与否，而提升你的品牌价值无疑是最关键的一步。那么，怎样打造自己的个人品牌，为自己在职场成功打下基础呢？

1. 给自己的个人品牌进行定位

你想成为什么类型的员工？你的个人特长在哪儿？你的个性适合从事什么样的工作？你目前的工作有价值吗？不同的人会有不同的职场定位。找出自己在职场存在的独特价值，是个人品牌定位的关键。

阿西莫夫是一个科普作家，同时也是一个自然科学家。一天，当他正埋头进行科学研究的时候，突然意识到："我不能成为一个一流的科学家，却能够成为一个一流的科普作家。"

于是，他把全部精力放在科普创作上，终于成了当代著名的科普作家。

打造个人品牌的第一件事，就是找出自己与他人不同的特质，给自己一个准确的定位，然后沿着这种定位不懈地努力下去。

2. 树立良好的外在形象

俗话说："佛靠金装，人靠衣装。"你的外在形象直接影响着别人对你的评价、估量，你穿得气派，无形中就抬高了自己的身价，别人觉得有利可图，就容易答应你的要求。你衣着寒酸窝囊，别人认为无油水可捞，可能一口回绝你的请求。

一个人的外貌的确很重要，穿着得体的人给人的印象就好，这等于在告诉大家："这是一个重要的人物，有智慧、有成就、可靠。大家可以尊敬、追随、信赖他。他自重，我们也尊重他。"反之，一个穿着随便的人给人的印象就差，它实际在告诉大家："这是个没什么作为的人，他马虎、没有效率、没有地位，他只是一个普通人，不值得特别尊重。"

人的第一印象是最深刻的。长相凶恶的人令人害怕，缺乏自信的人总是让人觉得猥琐。一些人之所以很容易博得别人的欢心，正是因为他能给人良好的第一印象，这正体现了外在形象的重要性。

3. 打造你的强者气质

一个人能否成就伟业，关键不在于他目前拥有什么，而在于将来能做什么，即是否具有潜能、爆发力等强者素质。假如你具有强大的领导能力和开拓能力，具备成才的优良素质，即使现在身无分文、毫无社会地位，仍可保持一种吸引人的巨大魅力，让接触你的人佩服你、尊敬你。这就是一种强者气质。

其实，考验一个人是否具备强者气质，不在创业之始，甚至不在成就事业之后，而是在开拓事业的过程中，尤其表现在突然遭受重大挫折之时，即距离成功目标的道路越长，遭遇波折越大，越能体现一个人是否坚强，越能检验一个人的耐力和勇气。事实上，任何一个具备强者气质，并终成大业者，都是在磨难与痛苦中接受历练而成熟起来的。

拥有了强大的实力，优良的气质，一个人才能成就一番事业。

4. 提高自己的个人品质

正如企业品牌、产品品牌一样，个人品牌也要有知名度、美誉度，尤其是忠诚度。也可以说，个人品牌就是能力和品质，其最基本的特征是具备两个高质量——个人业务技能和人品的高质量。即，既要有才更要有德，具有人格力量和人格魅力。

一个人仅仅工作能力强，而个人品质不高，是建立不起良好的个人品牌的，即使是暂时建立了，也不能持久，更不能令人信服。个人品牌讲究持久性和可靠性。拥有良好个人品牌的人，他的工作态度和工作能力是受周围的人所肯定的，其也必定能为企业创造更大的价值。这样的人，受企业欢迎，让他人尊重，并且为社会所需。

5. 不给你的“品牌”抹黑

不给你的“品牌”抹黑，简单地说，就是不要让人对你的印象变坏，例如说你懒惰、势利、邪气、不忠、无情、粗鲁、阴险……一旦你被这样评论，那么你的个人品牌度必定降低，虽然你事实上并不是那样的人；而在关键时刻，这些评语极有可能对你造成伤害。

6. 要有一技之长

在当今社会，全才不过是天方夜谭，于是，专家出现了。专家其实只意味着他对某个专业的某个细节了解得比别人多一点而已。既然我们已经无法成为全才，那么，不妨试着去了解某个专业的某些细节吧，越细越好，这样，当别人有疑问时，首先想到的肯定会是你。

小陈在参加一家县级杂志社的招聘考试时，面对学历高、专业对口的众多竞争对手，却意外地成了一匹黑马。原来小陈擅长撰写新闻评论，多年的潜心经营使他在这个县城小有名气，形成了个人特色鲜明的“职业品牌”，而招聘方正缺这种在某个领域能独当一面的专业人才。

在求职过程中，一些求职者虽然学历高、知识面广，却被拒之门外，其中一个很重要的原因便在于他们十八般武艺样样都通晓一二，但没有一样拔尖，不具备出奇制胜的利器，也就失去了令人刮目相看的“职业品牌”。

21 世纪是品牌时代，在职场中也应尽快建立起自己的个人品牌，从而成为能让老板和同事记住的人，说到你，能让人马上想到你许多与众不同的优点，比如你的业务能力、你的亲和力等。在这个有着充分选择自由的时代，如果在职场中具有了自己的个人品牌，就会有更多选择的机会和更多向上发展的机遇。

第三章　合作共赢

第一节　有一种成功叫共赢

21 世纪是一个全球一体化的共赢时代，合作已成为人类生存的重要手段。随着科学知识向纵深方向发展，社会分工越来越精细，人不可能再成为百科全书式的人物。每个人都要借助他人的智慧完成自己人生的超越，所以这个世界既充满了竞争与挑战，又充满了合作与快乐。

合作共赢不仅使科学王国不再壁垒森严，同时也改写了世界的经济疆界。我们正经历一场转变，这一转变将重组政治和经济，将没有仅属于一国的产品或技术，没有仅属于一国的公司，也没有仅属于一国的工业。至少将来不再有我们通常所知的仅属于一国的经济。留存在国家界限之内的一切，是组成国家的公民。

所以，在这样一个大背景之下，共赢心态成为人们走向成功所必备的一种心态。

在这个纷繁复杂的社会中，每个人都需要别人的帮助。适应他人固然要心胸宽广和虚心学习，但如果仅仅是单方面地适应，则可能仍然得不到他人的支持与帮助。因此，具备施与心，还要具备帮助他人适应你的能力和习惯。

与对手竞争夺取成功是我们的奋斗目标。但合作共赢也是成功的一大趋势。人在通往成功的路上更多的是战胜自己，而不是战胜他人，更多的是与他人相互合作，而不是相互争斗。

我们所说的竞争是合作前提下的竞争，是竞争与合作的对立统一。试想，纵然你获取了万贯财产，可是由于品行问题搞得众叛亲离，成了孤家寡人，哪里有一点幸福感可言？成功与幸福始终是相伴而行的。缺乏情感的冷冰式的成功实际上是暂时的，伴随这样的成功而来的，更多的是痛苦，而不是喜悦。

人生在世，离开合作，谁也无法生存。因此，我们一方面提倡竞争，另一方面主张合作共赢。我们不能单纯为了小范围的个人利益而相互争斗，我们应该为了大范围内的共同利益而合作。多帮助他人，才可能得到更多的帮助。

俗话说得好，“投之以桃，报之以李”，今天你帮助他人，他可能不会马上报答，但他会记住你的好处，也许会在你不如意时给你以回报。退一万步来说，你帮助别人，他即使不会报答你的厚爱，但可以肯定的是，他日后至少不会做出对你不利的事情。如果大家都不做不利于你的事情，这不也是一种极大的帮助吗？

举个例子来说，中国人喜欢用筷子做餐具，用过筷子的人都知道，只有将两支独立的筷子放在一起才能夹起你想要吃的东西。这两支筷子也蕴含了一个道理，那就是和他人共赢会赢得更多。

曾经有一名商人在一团漆黑的路上小心翼翼地走着，心里懊悔自己出门时为什么不带上照明的工具。忽然前面出现了一点光亮，并渐渐地靠近。灯光照亮了附近的路，商人走起路来也顺畅了一些。待到他走近灯光时，才发现那个提着灯笼走路的人竟然是一位盲人。

商人十分奇怪地问那位盲人说：“你本人双目失明，灯笼对你一点用处也没有，你为什么要打灯笼呢？不怕浪费灯油吗？”

盲人听了他的问话后，慢条斯理地回答道：“我打灯笼并不是为给别人照路，而是因为在黑暗中行走，别人往往看不见我，我便很容易被人撞倒。而我提着灯笼走路，灯光虽不能帮我看清前面的路，却能让别人看见我。这样，我就不会被别人撞倒了。”

这位盲人用灯火为他人照亮了本是漆黑的路，为他人带来了方便，同时也因此保护了自己。正如印度谚语所说：“帮助你的兄弟划船过河吧！瞧，你自己不也过河了！”

全球化的发展，使得人们之间的共同利益越来越多，与别人合作共赢，会使自己走向成功的更深一层。共赢是一种卓有远见和雄心的成功心态，也是新世纪新背景下新时代的要求。由于当代科学技术和社会的发展，对于一个立志开拓，希望获得成功的人来说，已经不仅仅需要个体的精进，而且还需要知识的高度集结作为成功的基石。

因此，你越是善于从群体中求知，越是不断地开拓新的求知领域，你就越有益于人与人之间的优势互补，使你的智能结构越是完美，越是富有应变能力，进而越是能够应付变化繁复的社会发展和科学技术的发展。

你要想成为21世纪的高效能人才、未来的成功者，就一定要有共赢之心，这是时代的要求，更应为每一个欲成大事者所共识。

第二节 用“沟通”抹去“代沟”

一个不善沟通的人就不会有良好的人际关系，更不用说与别人合作，达到共赢，拥有成功的事业了。从某一层面上来说，一个人沟通所能达到的程度决定了他事业的品质。

我们每个人都是 个独立的个体，每个人都有不同的观念，不同的文化背景，不同的价值观，甚至有不同的语言。

但在社会这个群体中，个体便会聚集起来。一个人要把自己的想法向别人表达清楚需要沟通，一个人要从别人那里得到什么，也需要沟通。

人和人之间存在着差异，就必然会有代沟。如果想要消除它，沟通是必不可少的。要拥有良好的沟通品质和沟通效果，最好遵循以下几个原则：

(1) 多谈对方感兴趣的话题；

(2) 多谈对方熟悉的事情；

(3) 多谈对对方有利有益的事情；

(4) 多用推崇、赞美的语言；

(5) 多听少说。80%用于听，20%用于说；

(6) 多问少说。80%用于问，20%用于说；

(7) 多谈轻松的话题。

由上我们可以看出，在沟通中，学会倾听是至关重要的。不同的倾听会带来不同的结果：

(1) 完全不用心的倾听。这种人心不在焉，只沉迷于自己的内心世界，这样就会产生很深的代沟，甚至无法抹去。

(2) 假装在倾听。这种人好像是在用身体语言倾听，有时还会复述别人的话来作回应，但实际上并未有实质上的沟通。

(3) 选择性的倾听。这种人只沉迷于自己感兴趣的话题和自己关心的事情，虽然有所沟通，但却容易产生歧义。

(4) 留意地倾听。这种人全心全意地凝神倾听，可惜他始终从自己的角度出发，看似沟通，但却从己方想对方，代沟没有完全消除。

(5) 同理心倾听。站在对方角度倾听，实现了与人的同步理解沟通。

沟通并无好坏之分，唯有去考虑其优点和缺点，才能解决问题。

想要拥有同理心，同步是第一步。在实际的沟通中，彼此认同既是一种可以直达心灵的技巧，又是沟通的动机之一。这样，在认同这个态度上，外在技巧和内在动机就结合得比较完美。认同经由同步而来，沟通关系都是从同步开始跨出第一步的。并且，认同的目的几乎就是达到同步，这就形成了一个奇妙的过程：同步——认同——同步。

作为沟通的第一步，同步指的是沟通双方彼此经过协调后所形成的、有意要达到同样目标时所采取的相互呼应、步调一致的态度。它意味着沟通在经过彼此的默许和暗示之后正走在通向顺利的路上。

只有当沟通双方站在对方的角度看问题时，同步才会开始。于是，彼此都寻找到共同点。各种共同点综合起来，沟通的可行性就大了。所以说，要沟通就得寻求同步。

如此看来，如果想与人很好的沟通，就要做到同理心倾听，这样做，就能够实现真正的沟通，使合作无阻碍，为共赢铺平道路。在对与人倾听的几种层次区分之后，你就可能通过观察判断，采取相应的配合措施，从而达到与他人有同感。

有了同感就可以更加顺畅地沟通。这其中相当重要的是投其所好。站在对方的角度，发现对方的兴趣立场，“知己知彼，才能百战不殆。”

无论是在哪种场合下与人交际，总是可以通过很多渠道了解到对方的喜好。对他人喜好之物表示兴趣，可以顺利地找到沟通的共同点。

但要做好投其所好并不是容易的，这个问题不适合主动挑起，更多的是要暗示，因为不经意和他人的兴趣爱好相一致，更令他人兴奋。

如果主动挑起话题，往往达不到效果。比如说一个喜欢书法的人，你要是主动去和他大谈特谈书法，他可能很厌烦，因为这方面他是专家，你所说的在他看来一句都说不到点子上。如果你无意中表示出兴趣来，让他来谈论，你们的沟通就会很迅速地达到融洽。不经意地表达出和别人一样的兴趣爱好，会让别人主动趋近自己。

寻找对方的兴趣点，达到知己知彼，沟通才能够畅通无阻，没有代沟，使合作无间，携手共赢，走向成功之路。

第三节　合作才能出好牌

打牌往往有两个人是合作伙伴，两个人通力合作，优势互补，就可能在牌局中取胜，而不善于合作的人，就可能将好牌打成烂牌。

当雁鼓动双翼时，对尾随的同伴具有推动的作用，雁群排开成V字形时，会比孤雁单飞增加70%的飞行距离。蚂蚁的合作精神也令人震惊：在洪水肆虐的时候，蚂蚁迅速抱成团，随波漂流。蚁球外层的蚂蚁，有些会被波浪打落冲走。但只要蚁球靠岸，或能依附一个大的漂流物，蚂蚁就得救了。

人与人之间的相互交往是人功成名就的重要前提之一，集体与集体之间的精诚合作是它们共同取得利益的重要途径。对此，我国古代一位名人曾经说："合群得力，离群失援；得力则胜，失援则败。"正如一位成功的领导者在接受记者采访时说的："我的成功，10%是靠我个人旺盛无比的进取心，而90%全仗着我拥有的那支强有力的团队。"

团结就是力量。如果人心所向，众志成城，就会以最小的付出获得最大的收获。日本在二战后短短数十年就成为经济强国，很大一部分原因就是日本企业员工的团体精神。日本的企业成员不一定有血缘关系，但凡是进入某一企业共同工作者，即被认为是这一"家"的成员，这就是团体意识。

单打独斗的个人英雄主义时代早已过去了。领导虽然位高权重，但是如果缺少一批忠心耿耿的下属，还是很难成就大事的。任何组织现在需要的不仅是面面俱到的领导人才，更需要整个团队的合作精神。

管理大师威廉·戴尔在《建立团队》一书中指出："过去被视为传奇英雄，并能一手改写组织或部门的强硬经理人，在现今日趋复杂的组织下，已被另一种新型经理人取代。这种经理人能将不同背景、不同训练和不同经验的人，组织成一个有效率的工作团体。”

对企业组织管理有丰富经验，以负责教育培训工作而闻名于世的威廉·希特博士完全支持这一观点，他认为经理人要用“参与式”管理替代专断式管理。他说：“与其试着由一个人来管理组织，为何不让整个组织一起分担管理的功能？”

如果没有下属的分工合作与齐心支持，领导的能力再强，也不会将公司管理得好。

1933 年，正当经济危机在美国蔓延的时候，哈理逊纺织公司却是祸不单行，一场大火将公司化为灰烬。哈理逊公司 3000 名员工失业，生活没有了保障。就在这个时候，董事会作出了一项惊人的决定：向全公司员工继续支薪一个月。消息传来，员工们惊喜万分，纷纷打电话或写信向董事长亚伦·傅斯表示感谢。

一个月后，正当他们为下个月的生活费发愁的时候，他们又收到公司的第二封信，董事长宣布：再支付全体员工一个月的薪酬。接到信后的第二天，这些员工纷纷回到公司，自发地清理废墟，擦拭机器，还有一些人主动去联系一些已经中断联系的客户。

员工们使出浑身解数，夜以继日地工作，恨不得一天干 24 个小时。3 个月后，哈理逊公司重新走上了正轨。当初反对傅斯这样做的人不得不佩服傅斯的智慧与精明。亚伦·傅斯站在灭顶灾难的边缘，以他超出常人的胆识和魄力赢得了人心，以他恒久的努力赢得了团队的力量，最后取得了事业的成功。

博取了人心，凝聚了合力，还有什么可以阻挡成功的步伐？“众人”齐心定能扭转乾坤，利益也有了保证。

人生的牌局上，我们都想着取得更大的成功，而与人合作就是最大的一张智慧牌。只有与他人合作，我们才会在成功的路上走得更远。

第四节　多用“我们”这个词

有一位心理学家，做过一项有名的实验，就是选编了三个小团体，并且分派三人饰演专制型、放任型、民主型的三位领导人，然后对这三个团体进行意识调查。

最终结果显示，民主型领导人所带领的这个团体，表现了最强烈的同伴意识。而其中最有趣的，就是这个团体中的成员大都使用“我们”一词来说话。

很多听过演讲的人，大概都有这样的感受：就是演讲者说“我这么想”比“我们是否应该这样”使你觉得和对方的距离更远。因为“我们”这个字眼，也就是要表现“你也参与其中”的意思，所以会令对方心中产生一种参与意识，按照心理学的说法，这种情形是“卷入效果”。

小孩子在玩耍时，经常会说“这是我的东西”或“我要这样做”，这种说法是因为小孩子的自我显示欲直接表现所造成的。

但有时在成人世界中，也会出现如此说法，而这种人不仅无法令对方有好印象，可能在人际关系方面也会受阻，甚至在自己所属的团体中，形成被孤立的局面。

人心是很微妙的，同样是与人交谈，但有的说话方式会令对方反感，而有的说话方式却会令对方不由自主地产生妥协之心。

事实上，我们在听别人说话时，对方说“我”“我认为……”带给我们的感受，将远不如他采用“我们……”的说法，因为这种说法可以让人产生团结意识。

在与人交谈时，我们要注意措辞，多说“我们”用“我们”来做主语，以此来制造彼此间的共同意识，对促进我们的人际关系将会有很大的帮助。

“我”在英文里是最小的字母，千万别把它变成你语汇中最大的字。

“我们”带给你的是更多的凝聚力和向心力，而“我”仅少一字，就会产生截然不同的效果。

一次聚会，一位男士在讲话的前三分钟内，一共用了36个“我”。他不是说“我”，就是说“我的”，如“我的公司”“我的花园”等等。随后一位熟人走上前去对他说：“真遗憾，你失去了你的所有员工。”

那个人怔了怔说：“我失去了所有员工？没有呀，他们都好好地在公司上班呢！”

“哦，难道你的这些员工与公司没有任何关系吗？”

亨利·福特二世描述令人厌烦的行为时说：“一个满嘴‘我’的人，一个独占‘我’字、随时随地说‘我’的人，是一个不受欢迎的人。”

在人际交往中，“我”字讲得太多并过分强调，会给人突出自我、标榜自我的印象，这会在对方与你之间筑起一道防线，形成障碍，影响别人对你的认同。

因此，懂得语言艺术的人，在语言传播中，总会避开“我”字，而用“我们”开头。下面的几点建议可供借鉴：

1. 尽量用“我们”代替“我”

很多情况下，你可以用“我们”一词代替“我”，这可以缩短你与大家的心理距离，促进彼此之间的感情交流。

例如，“我建议，今天下午……”可以改成“今天下午，我们……好吗？”

2. 说话时应用“我们”开头

在员工大会上，你想说：“我最近做过一项调查，我发现40％的员工对公司有不满的情绪，我认为这些不满情绪……”

如果你将上面这段话的三个“我”字转化成“我们”，效果就会大不一样。说“我”有时只能代表你一个人，而说“我们”

代表的是公司，代表的是大家，员工们自然容易接受。

3. 非得用“我”字时，以平缓的语调淡化

不可避免地要讲到“我”时，你要做到语气平淡，既不把“我”读成重音，也不把语音拖长。

同时，目光不要逼人，表情不要眉飞色舞，神态不要得意洋洋，你要把表述的重点放在事件的客观叙述上，不要突出做事的“我”，以免使听的人觉得你自认为高人一等，觉得你在吹嘘自己。

尽管“我们”比“我”只多一字，但这一字之差值千金。学会多用“我们”这个词，把你和他人联系起来，这样才更能得到别人的信赖，与人携手合作，走向共赢之路。

第六篇

职场成功秘符

第一章　个人发展

第一节　保持做事的秩序性

每件事情，若想做到有始有终，就必须改变我们的习惯思维。

曾经，美国西北铁路公司前总裁每天埋头在办公室里，处理着好像没完没了的工作。他第一次到心理诊所的时候，已处在精神崩溃的边缘，他的脸上写满了焦虑、紧张。他告诉医生，在他的办公室里有三张大写字台，上面堆满了东西，他每天都把全部的精力投入到工作，可工作似乎永远都干不完。

在与医生仔细地交谈以后，他回到办公室的第一件事就是清理办公桌，最后只留一张写字台，不仅如此，他还改变了自己以前的工作方法，现在他在做每一项新计划前，都会将手头的事情做完，让自己的思路更加清晰，工作随之更有条理化了。

保持做事的秩序性，可以减轻工作对自身的压力，提高工作效率，恢复身体的健康。

高效的工作，从某种意义上说，也就是换一种思维方式，合理安排好自己工作的秩序，这样将大大节省你的时间和精力，有利于你工作的展开。

1. **理出一个秩序**

在一项新计划开始之前，我们应该让手头上的计划一一实现，这样才能让我们更加清晰地思考。

博恩·崔西在《简单管理》一书中写到："我赞美彻底和有条理的工作方式。一旦在某些事情上投下了心血，带着明确的目的去做事，就可以减少重复，这样就能够大大提高工作效率。”

有秩序是一个人做事有目的的重要前提。

歌德说过：“选择时间就等于节省时间，而不合乎时宜的举动则等于乱打空气。”没有一个合理有序的工作秩序，做起事来必定像无头苍蝇一样乱撞，这样，要高效率地工作就是不可能了。

试想，如果一个经理整个上午要见客户，要处理资料，又要写年度报告，而他又不懂得合理安排自己的工作秩序，这样即便找个材料都会花半天时间，哪有效率可言。

工作的有序性，体现在对时间的支配上，首先要有明确的目的性，很多成功人士就指出，如果能把自己的工作任务清楚地写下来，便很好地进行了自我管理，就会使得工作条理化，因而使得个人的能力得到很大的提高。

只有明确自己的工作是什么，才能认识自己工作的全貌，从全局着眼观察整个工作，防止每天陷于杂乱的事务之中。

明确办事目的，将使你正确地掂量每件工作的轻重，弄清工作的主要目标在哪里，防止不分轻重缓急，耗费时间又办不好事情。

只有明确自己的责任与权限范围，才能摆脱自己的工作与上下级的工作以及同事工作中的互相扯皮和打乱仗现象。

有一种使工作明确化的简单方法，就是填写自己应做工作的清单。

首先试着在一张纸上毫不遗漏地写出你需要做的工作。凡是自己必须干的工作，且不管它的重要性和顺序怎样，一项也不漏地逐项排列起来，然后按这些工作的重要程度重新列表。

重新列表时，你要试问自己：如果我只能干此表当中的一项工作，首先应该干哪一件事呢？然后再问自己：接着该干什么呢？用这种方式一直问到最后一项。这样自然就按着重要性的顺序列出自己的工作一览表。其后，对你要做的每一项工作应该怎么做，根据以往的经验，在每项工作上总结出你认为最合理有效的方法。

为了使工作条理化，不仅要明确你的工作是什么，还要明确每年、每季度、每月、每日的工作及工作进程，并通过有条理的连续工作，来保证正常速度执行任务。而这些都可以用思维导图轻松地体现出来。

在这里，为日常工作和下一步进行的项目编出目录，不但是一种不可估量的时间节约措施，也是提醒人们记住某些事情的手段。可见，制定一个合理的工作日程是多么重要。

工作日程与计划不同，计划在于对工作的长期计算，而工作日程表是怎样处理现在的问题。比如今天还有明天的工作，就是逐日推进的计划。有许多人抱怨工作太多又杂乱，其实是由于他们不善于制定日程表，无法安排好日常工作，有时候反而抓住没有意义的事情不放，不得不被工作压得喘不过气来。

2. 自制任务清单

为了使自己的工作作得更加有条理，我们可以根据人力资源管理专家的意见自制一张任务清单。清单的内容主要分为三个部分：任务分类、任务安排、任务总结。

任务分类的主要目的是向自己传达一种对待任务的态度。在这一部分当中，你的任务被分为四个类别：必须及时完成的工作，必须完成、但可以稍微拖后的工作，完全没有必要完全的工作，时间允许的情况下最好能够完成的工作。这样，在填写清单的时候，你就可以根据自己的工作内容把自己的任务分门别类。

任务安排有些类似于工作日志，其主要目的就在于帮助自己明确每天的工作内容。

任务总结是指每个星期结束的时候，将由你自己根据自己的实际任务完成情况填写这部分内容，这样便可以检验自己的

工作完成得如何。

毫无疑问，你的所有问题都将借用思维导图的帮助而清晰下来。在平时，不妨多用用思维导图。

第二节 养成把每件事画下来的习惯

在做事之前要习惯于把要做的事写下来，当然，我们建议用思维导图直接画下来。然后再进行缜密的分析，让自己更有计划的前行，这样会使你事半功倍，卓越而高效。

郭德纲的相声《梦中婚》中描述一个建筑工人在拿到图纸以后，看了一眼就去施工，结果把一口井建成了一支烟筒，这虽然很可笑，但笑过之余，也值得我们深思，正因为那个人在做事之前没经过仔细分析，结果闹出了笑话。

无独有偶，有这样一个广泛流传的管理故事，说的是一群伐木工人走进一片树林，开始清除矮灌木。当他们费尽千辛万苦，好不容易清除完一片灌木林，直起腰来准备享受一下完成了一项艰苦工作后的乐趣时，却猛然发现，不是这片树林，而是旁边那片树林才是需要他们去清除的！有多少人在工作中，就如同这些人，常常只是埋头工作，甚至没有意识到需要自己做的并非是自己想的那样。

这种看似忙忙碌碌、最后却发现自己背道而驰的情况是非常令人沮丧的，这也是许多效率低下，不懂得卓越工作方法的人最容易犯的错误，他们往往把大量的时间和精力浪费在一些无用的事情上。

为了避免这种情况在工作中发生，其实方法很简单，只要养成把每件事写下来的习惯，在做事之前认真思考，整理出一套简单而严格的工作步骤，这样你就会少走弯路而直达目的地。

1. 思考充分再行动

在工作中，有很多人总是低头做事，他们匆忙如自然界中的蚂蚁，却没有多少实质的收获，对他们来说，草率行事，冒冒失失是自己最好的写照。

冒失是一种轻率的表现，是指对任何事情都不能深思熟虑，只凭一时冲动匆忙做出决定，有时不计后果。冒失的人懒于思考，轻举妄动，为了迅速摆脱由动机斗争带来的内心痛苦和紧张情绪，他们不考虑主、客观条件和后果就贸然抉择，草率行事；他们生活节奏快，做事匆忙，往往一件事未干完，又去做另一件事，或几件事一起干。

这样工作的人，往往效率都很低。“凡事预则立，不预则废”，一个人只有知道如何安排工作，制定一个高明的工作进度表，才能高效率地办事，而制定这样一个工作进度表，首先就要养成勤于动笔的习惯，拿出一张纸，然后用笔记下你所要做的事，再排列出每一件事的先后顺序。最后按照这张表严格的执行。相信你一定会在短期内完成自己的工作任务。

2. 写下你的步骤

从事计划顾问多年的李冲，年薪超过 30 万。有一次宴会上，同行问他为什么他会比他的同事赚的钱多。他想了一会儿，回答说：“我每次在开始工作之前，都会将工作步骤写下来，通过仔细分析，总结出最好的方法时，才去行动。”

同行们请他谈谈他最好的方法，于是，李冲向人们讲述了他成功的诀窍——

第一步，我坚持深入调查，了解情况。

我对地方商业界的消息很灵通，哪个人被提升我都一清二楚，哪家公司有潜能、有发展，我也了如指掌。无论开会、聊天、度假，我都在搜集资料。我的专长就是对年轻的公司，特别是那些对年金或利润分红计划有兴趣的公司最有经验。

第二步，坚持打电话找公司里的高级经理。

首先我向他介绍我的身份来历、我的公司、我的资格以及我擅长的投资事业。然后，我会要求预约详谈。因为我的坦诚以及我从不利用欺骗来取得拜访客户的机会，所以基本上我都能如愿以偿。

第三步，坚持登门拜访——我称之为出诊。

谈话之间，我尽可能地了解顾客的投资计划、性情、职业以及个人背景。我很少谈到我自己和公司的事情，而我提出的问题足以向他证明我很在行。

通常在谈话结束时，还没有具体的计划产生，可我已经敲开一扇门了。

第四步，坚持在拜访之后以个人名义写短信，告诉顾客很高兴与他见面，我们公司正在研究制订具体方案。

这封私人信件很有效，它是一种诚意的表示，而且会让顾客觉得自己特殊而重要。

第五步，发出信后，隔两三天我就坚持再打电话过去。

首先再一次向他致意，然后表示我愿竭力效劳，帮他成为成功的投资者。最后我约定第二次见面的时间。

当我第二次见客户时，会随身带几个方案去。尽管多数不会有什么结果，可我绝不强求，我的打算是建立长远的关系。

无论是做销售还是从事别的事业都和钓鱼一样，如果你太急躁，鱼儿都吓跑了。如果是我主动表示时间太局促，不好起草合同，特别是关系到大笔金额时，顾客就会愿意再考虑跟我合作的可能性

第二次见面后，事情就容易了，我可以打电话或亲自与顾客讨论计划。我会随时与顾客保持联系，直到成交为止。有时要磨上好几年工夫，然而机会一到，我就会签上五六个合同。好的钟表行走都是十分规律，不快也不慢的。有智慧的人做事也绝不会急于求成，也不会拖沓。他们做事总是有条不紊，不慌不忙。

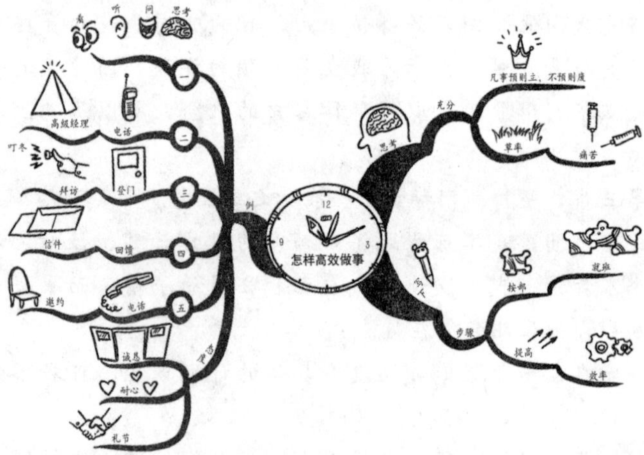

高效率的人不是一有想法就马上去做，等发现偏差再去调整，而是像李冲那样一开始就把事情计划好，想好怎么做，把所有事情都想好，理清。

因为没有时间而赶着把事情做完的人，通常事后要花更多的时间把第一次没做好的事情做好。这样不仅浪费了工作时间，更降低了做事的效率。

有些人认为做事不匆忙是一件很容易的事情，只需要每一次做事时注意一下就行，其实一个人做事不急于求成是一种习惯，你会发现一个做事匆忙的人做所有的事情都是冒冒失失，

他们是凭着自己的直觉在做事。要想改变做事急于求成的缺点，首先就是要在做每一件事情前把它们写下来写成计划和目标，而且形成习惯。

第三节 追踪记录承诺，说到更要做到

既然承诺，就一定要做到，善始善终才能让自己更高效。

程冉是一家公司的销售部经理。有一次，他和客户外出用餐时，在不经意间提到他家乡所酿的土产葡萄酒味道不错。正巧客户又爱饮酒，对此十分感兴趣，程冉便说了一句“有机会回家，我一定给您带来一瓶。”

3个月后，在与这位客户的一位谈判中，程冉真的给客户送来了家乡产的酒，让客户大为感动。因为他早就将这件事忘得一干二净了。他觉得程冉连一件这样的小事都能兑现，值得信赖。

那次他们的合作很愉快，在以后的日子里，这位客户成了公司最忠诚的客户。

既然承诺，就要想方设法兑现诺言，这样才有利于你工作的展开，否则任何事都做不好。

我们来看下面一则故事：

耶鲁大学的教授克拉克从小有一个梦想，就是希望自己能像他心目中的英雄那样能改变世界，服务于全人类。不过，要实现他的目标，他需要受最好的教育，他知道只有在美国才能接受他需要的教育。

无奈的是，他身无分文，没办法支付路费，而且，他根本不知要上什么学校，也不知道会被什么学校招收。

但克拉克还是出发了，他必须踏上征途。他知道如果没有开始，就永远没有结果。他徒步从他的家乡尼亚萨兰的村庄向北穿过东非荒原到达开罗，在那儿他可以乘船到美国，开始他的大学教育。他一心只想着一定要踏上那片可以帮助他把握自

己命运的土地，其他的一切都可以置之度外。

在崎岖的非洲大地上，艰难跋涉了整整五天以后，克拉克仅仅前进了 40 多公里。食物吃光了，水也快喝完了，而且他身无分文。要想继续完成后面的几千公里的路程似乎是不可能的，但克拉克清楚地知道回头就是放弃，就是重新回到贫穷和无知。

他对自己发誓：不到美国誓不罢休，除非自己死了。他继续前行。

有时他与陌生人同行，但更多的时候则是孤独地步行。大多数夜晚都是过着大地为床，星空为被的生活，他依靠野果和其他可吃的植物维持生命。艰苦的旅途生活使他变得又瘦又弱。

由于疲惫不堪和心灰意懒，克拉克几欲放弃。他曾想说："回家也许会比继续这似乎愚蠢的旅途和冒险更好一些。"

他并未回家，而是翻开了他的两本书，读着那熟悉的语句，他又恢复了对自己和目标的信心，继续前行。

要到美国去，克拉克必须具有护照和签证，但要得到护照他必须向美国政府提供确切的出生日期证明，更糟糕的是要拿到签证，他还需要证明他拥有支付他往返美国的费用。

克拉克只好再次拿起纸笔给他童年时起曾教过他的传教士写了封求助信。

结果传教士们通过政府渠道帮助他很快拿到了护照。然而，克拉克还是缺少领取签证所必须拥有的航空费用。

克拉克并不灰心，而是继续向开罗前进，他相信自己一定能通过某种途径得到自己需要的这笔钱。

几个月过去了，他勇敢的旅途事迹也渐渐地广为人知。关于他的传说已经在非洲大陆和华盛顿佛农山区广为流传。斯卡吉特峡谷学院的学生在当地市民的帮助下，寄给克拉克 640 美元，用以支付他来美国的费用。当克拉克得知这些人的慷慨帮助后，他疲惫地跪在地上，满怀喜悦和感激。

经过两年多的行程，克拉克终于来到了斯卡吉特峡谷学院。

手持自己宝贵的两本书，他骄傲地跨进了学院高耸的大门。

这是一个有关“坚持”的故事。克拉克坚守自己的承诺，最终实现了自己的梦想。在工作中我们也应该像克拉克那样时时追踪自己的承诺，说到更要做到。

其实，许多人之所以无法取得成功，不是因为他们能力不够、热情不足，而是缺乏一种坚持不懈的精神。他们做事时往往有始无终，做事的过程也是东拼西凑、草草了事。

他们对自己的目标容易产生怀疑，行动也始终处于犹豫不决之中。比如他们看准了一项事业，充满了热情做下去，但刚做到一半又觉得另一件事情更适合自己。他们时而信心百倍，时而又低落沮丧。这种人也许能短时间取得一些成就，但是，从长远来看，最终一定还是失败者。

承诺一件事情需要的是决心与热诚；而完成自己的承诺，需要的却是恒心与毅力。缺少热诚，事情无法启动；只有热诚而无恒心与毅力，工作不能完成。

中国有许多优秀的传统和行为规矩，譬如家庭私塾教子弟写字，无论有什么事打扰，也不准写字只写一半。即使这个字写错了，准备涂掉重写，也要将它写完。其中的寓意在于，教育孩子从小养成善始善终的好习惯，将来做事才不会半途而废，轻易放弃。

在日常工作中，每个人都有一些未完成的工作——未缝完的衣服，未写成的稿件等等。那么请将它们找出来整理整理，静下心来继续完成它们。你会发现，一旦把它完成，你会觉得非常快乐。未完成时它们不过是些废物，而你在付出一半甚至1/10的心力完成后，它们都变成漂亮的成品和值得骄傲的业绩。许多事情并非我们无法去做，而是我们不愿意继续做。多付出一分心力和时间，就会发现自己其实有许多潜在的力量。

既然承诺，就要想方设法做到，否则你永远也不可能提高工作效率，取得骄人的业绩。

第四节 辨识事物发展模式，先预想结果

人脑非常擅长辨识模式。要发挥这项能力的方法就是预先想象自己渴望的结果，并尽可能地描绘细节。这样能够触发你的大脑辨识与观察实际达到目标所需培养的习惯、能力与方法。

迈克尔 19 岁在休斯敦大学主修计算机，他是一个狂热的音乐爱好者，同时也具有一副天生的好嗓子，对于他来说，成为一个音乐家是他一生中最大的目标。因此，只要一有时间，他就会投入到他热爱的音乐创作上。

由于写歌不是迈克尔的专长，所以他又找了一个名叫凡内芮的年轻人来合作。凡内芮了解迈克尔对音乐的热爱与执著。但是，当面对那遥远的音乐界及整个美国陌生的唱片市场时，他们却发现自己竟一点渠道也没有。

在一次闲聊中，凡内芮突然从嘴里冒出了一句话：

“What are you doing in 5 years.”（想象你 5 年后在做什么）

迈克尔还没来得及回答，他又抢着说：“别急，你先仔细想想，完全想好，确定了再告诉我。”迈克尔思考了一会儿说：“第一，5 年后，我希望在市场上能有一张得到大家肯定和欢迎的唱片；第二，5 年后，我要住在一个有很多很多音乐的地方，能天天与一些世界一流的音乐家一起工作。”

凡内芮听完后说：“好，既然你已经确定了，我们就把这个目标倒过来看。如果第五年，你有一张唱片在市场上，那么你的第四年一定是要跟一家唱片公司签上合约。

“那么你的第三年一定是要有一个完整的作品，可以拿给很多很多的唱片公司听，对不对？

“那么你的第二年，一定要有很棒的作品开始录音了。

“那么你的第一年，就一定要把你所有要准备录音的作品全部编曲，排练好。

“那么你的第六个月，就是要把那些没有完成的作品修饰好，然后让你自己可以一一筛选。

“那么你的第一个月，就是要把目前这几首曲子完工。

“那么你的第一个礼拜，就是要先列出一个清单，排出哪些曲子需要修改，哪些需要完工。”

凡内芮一口气说完了上述的这些话，停顿了一下，然后接着说：“你看，一个完整的计划已经有了，现在你所要做的，就是按照这个计划去认真地执行每一步，一项一项地去完成，这样到了第五年，你的目标就实现了。”

说来也奇怪，到了第五年，迈克尔的唱片真的在北美畅销起来，他一天24小时几乎全都忙着与一些顶尖的音乐高手在一起工作。

可见，在脑海中预想结果是非常重要的，我们要时常在脑海中规划蓝图，然后让你的大脑自动填补达到目标所需条件的空白处。事情不见得会照计划发展，但你会为自己所做的事获得的最终成果，感到大吃一惊。

想象一下你的目标，然后去实现它

奥林匹克运动会十项全能金牌获得者詹姆斯·卡特为了实现自己的目标，用运动器械装备了整个寓所，以便每天提醒他去实现自己的目标。

他将十项全能每个项目的器械放在他不训练时也能看到的地方，跨高栏是他最差的一项，他就将一个栏放在起居室的正中央，每天必须跨越30次；他的制门器是个铅球；杠铃就放在室外廊檐下；撑杆跳高用的杆子和标枪在沙发后竖立着；壁橱里放着他的运动制服、棉织套服和跑鞋。詹姆斯说这种不寻常的陈设在他准备在奥运会夺冠的过程中，帮助他改善了他的竞技状态。

如果你想让自己成为一个高效能人士，也应当像詹姆斯·卡特那样预想一下自己要达到什么结果，为你的目标创建一种经常提醒自己的方式。然后去实现它。

比如，你可以将你确定的目标和实施计划写在便笺上或是记事本上，并将它们有计划地放置在你的家中和办公室里，使你能够常常看到它们；或者将你对自己目标和实现计划的陈述录在磁带上，在你开车、做杂务、休息或思考时播放它们；将你的实施计划编辑在你的电脑屏幕保护屏上；或者，将你须首要实施的计划输入电脑，并用装饰纸打印出来，然后将这些纸悬挂在办公室、卧室的镜子上，甚至是冰箱上。

这样，你的目标和计划就常常出现在你的眼前，帮助你始终将注意力放在这些最重要的事情上面。

你也可以让你的梦想始终环绕着你，通过多种方法来建立自己的提示途径。采取什么方法并不重要，重要的是行动！布鲁斯·詹纳的方法非常具有想象力，甚至有点出格了，但它的确帮助他实现了自己的目标。

在工作中，我们应该预想一下自己要得到一个什么结果，然后按照你想的去做，你的目标就一定能实现。

预想结果，写下清单

先预想结果，实际上就是对未来行动纲领的早期决策。我们可以把它分为三个步骤：

第一步：写下你的计划，确立目标，探寻达到目标达到目标的各种方法，转化为每周或每天要做的事，编排每周或每天的做事次序并执行，定期检讨；

第二步：制订工作计划表；

第三步：目标计划检讨。

第二章　团队发展

第一节　重视团队的力量

一滴水只有融入大海才能生存，才能掀起滔天巨浪。同样，一个人也只有融入团队才能生存成长。放眼一流的工作团队，它们之所以会出类拔萃，无非是它们的成员能抛开自我，彼此高度信赖，一致为整体的目标付出心力的结果。

看过德国足球队比赛的人应该都注意到了，这个被称为“日耳曼战车”的球队，频频在世界级的比赛中问鼎冠军，可整个球队却难以找出一个技术超群的个人球星。

一位世界著名的教练说：“在所有的队伍当中，德国队是出错最少的，或者说，他们从来不会因为个人而出差错。从单个的球员看，他们是不完美的，德国队是脆弱的。可是他们 11 个人就好像是由一个大脑控制的，在足球场上，不是 11 个人在踢足球，而是一个巨人在踢，对对手而言那是非常可怕的。”

全队拧成一根绳，发挥团队的最大力量——这就是德国队的秘诀！

企业也是如此，企业是一艘巨大的航母，每一个员工都是它不可或缺的一部分。这艘航母能否朝着企业的预定目标前进，有赖于全体员工的精诚合作。只有每一个员工的力量都保持一致，企业前进的利箭才会以无坚不摧的力量射中靶心。

井深大刚进索尼公司时，索尼还是一个只有 20 多人的小企业。但老板盛田昭夫却对他充满信心地说：“我知道你是一个优秀的电子技术专家，就像好钢要用在刀刃上一样，我要把你安排在最重要的岗位上——由你来全权负责新产品的研发怎么样？希望你能发挥榜样的作用，充分地调动其他人。你这一步走好了，企业也就有希望了！”

“我？我还很不成熟，虽然我很愿意担此重任，但实在怕有负重托呀！”虽然深井大对自己的能力充满信心，但是他还是知道老板压给他的担子有多重——那绝对不是靠一个人的力量能应付得来的。

“新的领域对每个人都是陌生的，关键在于你要和大家联起手来，这才是你的强势所在！把众人的智慧合起来，还能有什么困难不能战胜呢？”盛田昭夫很有信心。

井深大一下子豁然开朗：“对呀，我怎么光想自己？不是还有20多名员工吗？为什么不虚心地向他们求教，和他们一同奋斗呢？”

他找到市场部的同事一同探讨销路不畅的问题，他们告诉他：“磁带录音机之所以不好销，一是太笨重，一台大约45公斤；二是价钱太贵，每台售价16万日元，一般人很难接受，半年也卖不出一台。您能不能往轻便和低廉上考虑？”井深大点头称是。

然后他又找到信息部的同事了解情况。信息部的人告诉他：“目前，美国已采用晶体管生产技术，不但大大降低了成本，而且非常轻便。我们建议您在这方面下功夫。”他回答：“谢谢。我会朝着这方面努力的！”

在研制过程中，他又和生产第一线的工人团结合作，终于一同攻克了一个个难关，在1954年，试制成功日本最早的晶体管收音机，并成功地推向市场。索尼公司由此开始了企业发展的新纪元！

井深大深深地体会到团队的力量，从这次的成功经历中，井深大更加明白了一个道理：没有完美的个人，只有完美的团队。

当你成为团队中的一员时，“我”就变成了“我们”。你必须舍弃部分的自我，整个团队才有茁壮成长的可能。

在团队中，除了要让每个人都有自我成长、完成任务的机会之外，也要让整个团体为设定的远景目标而努力。如此一来，便能达成个人和团队的“双赢”。

第二节 打造高效能组织

“剥洋葱法”是目标管理的一种重要方法。根据组织需要，利用剥洋葱法对企业目标进行分析，由长期目标到短期目标层层分解，更有利于组织顺利地达到目标。

你可能会在年底为自己订下这样一个目标：“我要在下一年中争取成为行业中最出色的业务员。”随后，你可能付出比以前更多的努力来实现自己的目标，然而，正如我们在前文中所说的，“罗马不是一天造成的”，你的目标是逐步实现的。如果你在设定“宏图大计”时，能够运用剥洋葱法将你的“宏图大计”分成一个个小目标，那么在你实现每个小目标时，你就能备受鼓励，而且你会很清楚你现在该去干些什么。

方法大意

实现目标的过程是由现在到将来，由短期目标到最终目标，一步步前进的；但是设定目标的最高效的方法则是与实现目标的过程正好相反，运用“剥洋葱法”，由将来到现在，由长期目标到短期目标层层分解。

目标树

目标树是现代管理学中的一个重要方面。“剥洋葱法”告诉了我们进行目标分解的方向，而目标树则为我们进行目标分析提供了具体的路径。

（1）目标多杈树示意图：

树干代表目标；

每一根树杈代表由最终目的分解生成的大目标；

叶子代表实现大目标需要关注的因素或者子目标。

（2）在目标树中，大目标与子目标的关系：

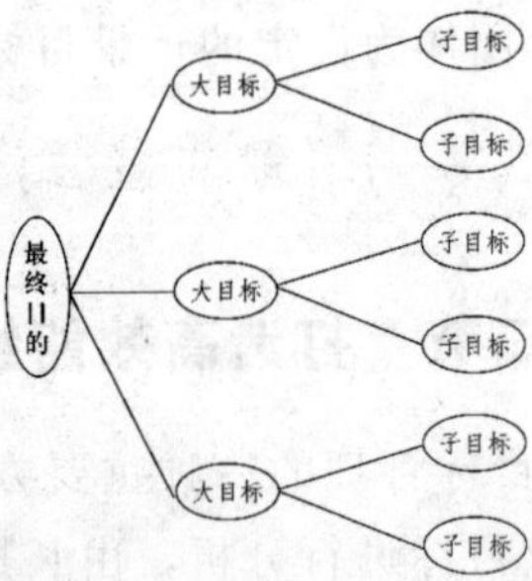

子目标是实现大目标的策略；

大目标是子目标的结果；

子目标实现之“和”一定是大目标的实现。大目标实现之“和”则是最终目的的实现。

(3) 如何描绘你的目标树：

首先，写下你的大目标和最终目的；然后思考实现最终目的有哪些策略，列出可能的策略并添加到目标树上的各级目标框内。其实，这些子目标是实现大目标和最终目的的步骤，在达到最终目的之前，首先是大目标和子目标的达到。接下来，再考虑完成每个大目标的因素，这些因素就是多杈树的叶子。这样，你的目标很快就被描绘成一棵“枝繁叶茂”的大树了。同时，你的目的分析任务也就顺利完成了。

例如：你的最终目的是在今年的 9 月 30 日为公司赢得销售额 10 万元。

那么你的目标树如下图：

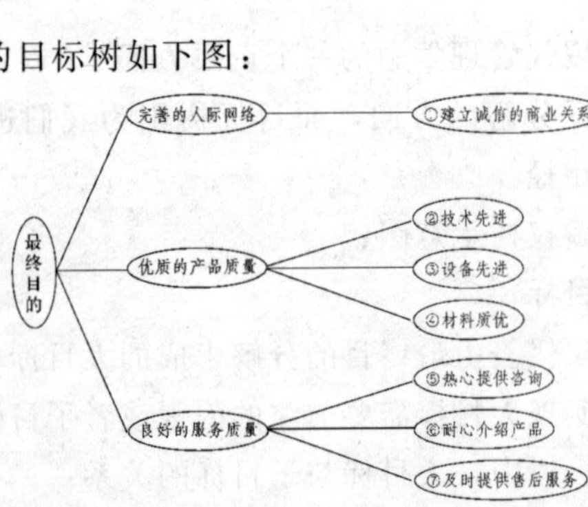

第三节 高效质量管理法

PDCA 循环法是一套高效质量管理法。将质量管理过程分为四个依序衔接的工作阶段：计划、执行、检查、修正再执行。严格遵循这一循环法，可以有效地提高质量管理效能和个人工作效能。

PDCA 循环法是在西方十分流行的一种行之有效的科学管理程序。这四个英文字母，分别代表计划（Plan）、执行（Do）、检查（Check）、修正再执行（Action）。PDCA 是一个科学的程序运作，在西方最早是由美国质量专家戴明博士倡导的。他是针对质量管理所提出的一个科学的程序运作。发达国家质量管理的实践证明：PDCA 循环法是一个行之有效的科学管理程序。PDCA 循环不仅是一种高效的质量管理方法，而且对于我们提高个人目的性和工作效能有很强的促进作用。

戴明博士把质量管理全过程分为四个依序衔接的工作阶段，即计划阶段、执行阶段、检查阶段和修正再执行阶段。这四个阶段是一个首尾相接的循环过程。

其实这并不是一门高深的学问，只要我们能解决一个“细”字，将这四个阶段又细分为八个便于操作的步骤，当你运用起“PDCA”循环法时就能够得心应手了。

PDCA 循环工作步骤表阶段步骤计划

阶段	步骤
计划阶段（P）	①设定目标 ②搜索与目标相关的信息 ③找出最佳方案 ④制定计划工作表
执行阶段（D）	⑤按计划工作表执行工作
检查阶段（C）	⑥检查执行情况
修正再执行阶段（A）	⑦对检查结果作出修正 ⑧修正后再执行

例如有一天，经理分配给你一项任务：让你对某区冷饮市场进行一项市场调查，并拟订一份市场调研报告。这本是让你大展身手的机会，但你却苦于不知从何着手而毫无头绪。为什么要进行调查？怎样进行市场调查？遇到问题怎样解决？调研报告怎样写？……各种各样的问题直砸得你眼冒金星，头脑发胀。但你若运用“PDCA”循环法，则思路会变得非常清晰。

下面我们提供一种X区冷饮市场调查的实施方案：

1. Plan：制订一份周全的计划。

本阶段你要明确六个问题。这六个问题简称为5W1H。

（1）为何制订此计划？（Why?）

（2）计划的目标是什么？（What?）

（3）何处执行此计划？（Where?）

（4）何时执行此计划？（When?）

（5）何人执行此计划？（Who?）

（6）如何执行此计划？（How?）

2. Do：计划好之后，着手将项目一步一步向前推进。

3. Check：在进行市场调研过程中，一定要记得检查，看项目的推进是否按原先的计划进行？当中有无纰漏和出现偏差？

4. Action：针对你的检查结果确定你的行动。

如果在市场调研过程中，发现计划偏离了原来的目的，或者发现原先的计划考虑不够周全，那你就要及时弥补、调整，以确保任务圆满完成。如果当中并无纰漏或偏差，当然是皆大欢喜，那你可以继续一如既往地进行。

第四节　日事日毕，日清日高管理法

长久以来，中国人做事都存在着很大的毛病，就是不认真，做事不到位，每天工作欠缺一点，天长日久，就成为落后的顽症。曾有这样一种说法：如果训练一个日本人，让他每天擦6

遍桌子，他一定会这样做；而一个中国人开始会擦6遍，慢慢地觉得5遍、4遍也可以，最后索性不擦了！这对于组织效能的提高是一个很大的障碍。

组织需要建立一个管理机制来对付这个弊病，这套机制要承担下述功能：无论领导在或不在，企业都会持续良性地运转。OEC管理法就是这样一种机制。其中“O”代表“Overall”，意为“全方位”；“E”代表“Everyone，Everything，Everyday”，意为“每个人，每件事，每一天”；“C”代表“Control and Clear”，意为“控制和清理”，即是全方位对每人、每天、每件事进行控制和清理。其本质就是把企业核心目标量化到人，把每一个细小的目标责任落实到每一个员工的身上。用一句话来概括就是：“日事日毕，日清日高。”这是一种促使企业及每个员工、每项工作都能走上自我约束、自我发展、良性循环轨道的精细化管理方法。

其核心内容可以概括为5句话：总账不漏项，事事有人管，人人都管事，管事凭效果，管人凭考核。

总账不漏项是指把企业内所有事物按事务与物品归为两类，建立总账，使企业正常运行过程中所有的事与物都能在控制网络内，确保体系完整，没有漏项。

事事有人管、人人都管事，是指将总账中所有的事与物通过层层细化，落实到各级人员，并制定各级岗位职责及每件事的工作标准。为达到实时控制的目的，每个人根据其职责建立工作台账，明确每个人的管理范围、工作内容、每项工作的工作标准、工作频次、计划进度、完成期限、考核人、价值量等。为确保其完整性，每个人的台账由其上一级主管审核后方可生效。由于每个人的工作指标明确，工作中既有压力又有相对自主权，可以更好地发挥其主观能动性及自主管理的作用，真正树立起以人为本的思想。

管事凭效果，管人凭考核，是指任何人实施OEC日清日高模式的过程中，必须依据控制台账的要求，开展本职范围内的工作。这可使每个人在相对的自由度下进行创造性的能力发挥，力求在期限内用最短的时间，完成各自标准甚至高于标准的各项工作。

OEC 管理法由三个步骤构成：目标体系→日清体系→激励机制。首先是确立目标，日清是完成任务的基础工作，日清的结果必须与正负激励挂钩才有效。

OEC 管理的核心就是根据不断变化的市场不断提高目标，因为市场不变的法则在于它永远在变，所以这种模式有三个原则上的要求：

（1）比较分析原则——纵向与自己的过去比，横向与同行业比，没有比较就没有发展；（2）闭环原则——凡事要善始善终，都必须有 PDCA 循环原则，而且要螺旋上升；（3）不断优化的原则——根据木桶理论，找出薄弱项并及时整改，提高全系统水平。

按照 OEC 的管理模式，上至总裁，下至一般员工，无论在什么岗位，都应该十分清楚自己一天工作的目标，知道自己应该干什么，干多少，按什么标准干，要达到什么效果。当天发现的问题必须当天解决，就是所谓的“日日清”原理。

如果让一些本来极易排除而未能及时处理的小问题和事故隐患积聚下来，时间长了就会成为积重难返的大问题，以致严重影响目标的实现，而如果目标得不到实现，就会产生一种麻木不仁的思想情绪，影响员工的工作热情和干劲，导致企业管理流于形式。因此，海尔在高起点上稳扎稳打的要诀便是不厌其烦地每天清理薄弱环节。

在达到企业事务“日清”的目标以后，张瑞敏清醒地认识到，只有打破平衡状态，创造新动力，才能带动企业攀上新的台阶，取得持续、稳步的增长。企业原先发展的动力最多不过是使企业在“市场的斜坡”上维持原来的高度。动力来自差距，认清差距，就明确了目标，也就产生了缩小这种差距的新动力。于是张瑞敏在“日日清”的基础上，给 OEC 管理法又添了一道内容：“日日高。”每天提高 1%，在原有基础上或提高质量，或增加数量，或降低成本，或改进工艺，或革新工具等方面有所改进，有所提高。长期坚持下去，所获得的效果将是惊人的。

OEC 日清日高管理法被誉为“海尔的管理之剑”，显示了张瑞敏对国情和中国国民性格的深刻理解，既看到中国人长久以来被压抑而形成的惰性，又看到他们身上蕴藏的无穷潜力。OEC 管理法是海尔人在长期探索中形成的独具特色的企业管理模式，它经历了由无序到有序，由有序到形成体系，并且，这种管理模式仍在不断地优化、上升和提炼。

第五节 合理决策法

决策是一个发现问题、认识问题、解决问题的过程。作出决策的方式选择直接影响着决策的正确与否和效率高低。

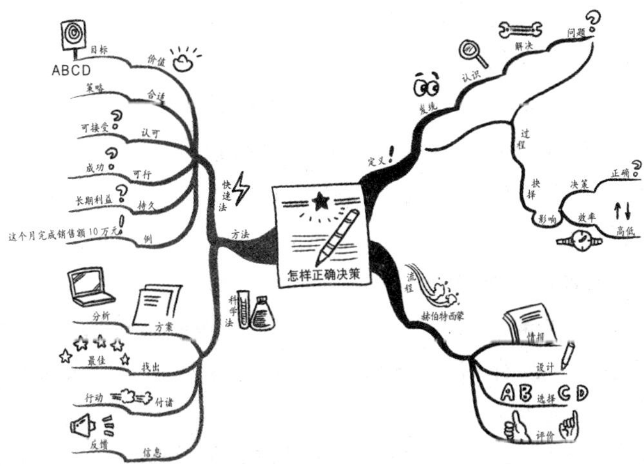

管理大师杜拉克曾说：“决策是计划工作的核心。一个人要想达到自己的目的，需要掌握的一个很重要的工具就是‘合理

决策’的方法。”

首先我们先来简明地了解一下什么叫决策。决策是一个为达到预期目的而从两个或多个可供选择的方案中选择合理方案的判断和选择的过程。不能简单地把决策理解为就是做出抉择，作出抉择只是决策全过程的一个关键环节。事实上，决策是一个发现问题、认识问题、解决问题的过程。只有全面理解决策的全过程，了解决策各阶段应做的工作及其相互联系，才能保证决策的有效性。

1. 正确的决策流程

完成一项决策要经过一个系统的思维过程。美国管理学家赫伯特·西蒙认为，决策程序应该包括四个步骤：找出制定决策的理由，找到可能的行动方案，在诸行动方案中进行抉择，对已进行的抉择进行评价。西蒙将这四个步骤分别称为情报活动阶段、设计活动阶段、选择活动阶段和评价活动阶段。

计划是决策流程中最关键的一个环节。即，计划阶段就是一个决策过程，能否合理决策在整个计划阶段就显得举足轻重。在计划阶段中，无论前面你设定了多么有效的目标，搜集了多么充分的信息，如果接下来你无法作出明智的抉择，你都将会是竹篮打水一场空。而且，在接下来的几个阶段中，如果决策合理，执行起来就顺利得多，效率也会提高；反之，如果决策不合理，甚至是错误的，那么执行起来就难免会碰壁，效率也会大大降低。

2. 正确的决策方法

知道了决策的流程之后，我们需要掌握正确的决策方法。在这里我们主要介绍“VSAFE”快速决策法和科学决策法这两种比较常见的方法。

(1) VSAFE 快速决策法。如果你必须及时、快速地做出决策，你可以采用快速决策的 VSAFE 法。为此，你要快速评估每种方案的实际效果，以及它们将怎样影响主要工作的测评标准。

另外，你要考虑方案的适用性和是否容易被别人接受。最后，考察方案的可行性和长期性。

价值（Valuable）：考察方案对目标的贡献；

合适（Suitable）：考察方案是否与策略吻合；

认可（Acceptable）：考察方案是否确实可接受；

可行（Feasible）：考察方案是否成功；

持久（Eternal）：考察方案是否符合长期利益。

例如，这个月，老总给你下达一道命令：让你这个月完成销售额10万元。收到这条指令后，你一边拼命与旧客户联系订单，一边努力发展新的客户。但是选择哪种新客户却成为你前进路上的“拦路虎”。那么让我们依据“VSAFE快速决策法”来帮助你迅速选择新的客户。

选择新的客户：

标准：需要考虑的因素；

价值：能否增加本月的销售额；

合适：是否符合你建立商业伙伴的全面商业战略；

认可：该客户是否已经被认可而且同行的公司已经接受该客户；

可行：向该客户供货是否方便；

持久：是否有必要根据本公司的产品做进一步的调整。

当然，如果你不能从“VSAFE快速决策法”五个标准中获得正面的答案，就应当尽快制订一个方案或者修改现行的方案。

（2）科学决策法。所谓科学决策法，就是指通过对存在决策问题的分析选择最佳方案，将之化为行动，以取得高效益或最低风险的结果的一个过程。

科学决策法主要有下面4个实验阶段：对各种备选方案分析、找出最佳决策方案、将该决策付诸行动、信息反馈。

对于这一问题，可用决策问题四分图加以解决。如下图：

根据这个图，我们进行分析：

①对于象限Ⅰ类的问题，意味着这类问题与个人、工作群体

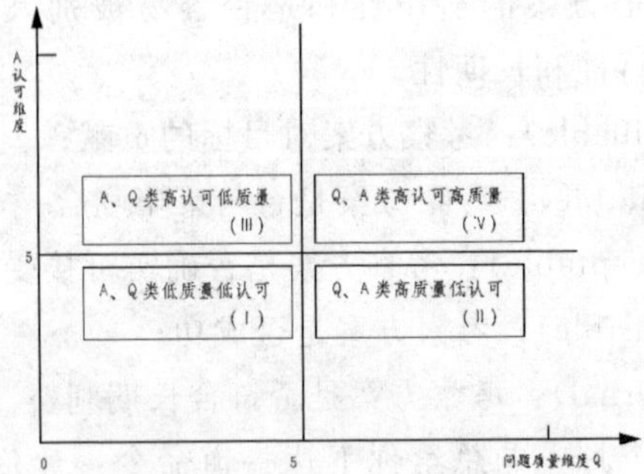

注：Q因素（Quality），问题质量维度；A因素（Acceptant），认可维度。

利益关系不大，即质量维度与认可维度都很低。对此类问题，根本不必讨论，随机决定即可。

②对象限Ⅱ类的问题，意味着这类问题与工作群体的利益有紧密联系，但是与个人利益没有直接联系。此时，必须与有关专家共同决定作出决策。

③对象限Ⅲ类的问题，意味着这类问题与工作群体的利益、前途、发展方向都没有什么联系，但是与个人利益密切相关。对于此类问题，应与利益相关主体协商解决。

④对象限Ⅳ类的问题，意味着这类问题既与工作群体的发展方向、经济利益紧密，又与个人的利益直接有关。则需要与所有人员共同讨论决定。

科学决策法流程图如下：

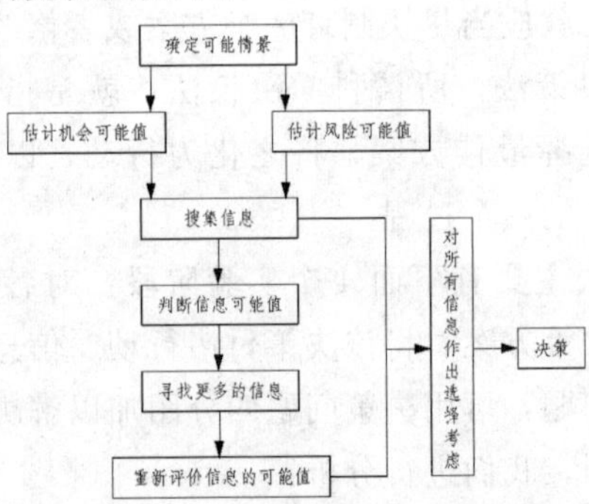

第三章　超越职场的思维

第一节　新思维引出新方法

“山重水复疑无路，柳暗花明又一村。”一扇门关上，另一扇门会打开。世界上没有死胡同，关键就看你如何去寻找出路。有一句话说得好，“横切苹果，你就能够看到美丽的图案，”当你在工作中遭遇困境的时候，学着换一种眼光和思维看问题，相信你一定能够化逆境为顺境，化问题为机遇。

一天夜里，一场雷电引发的山火烧毁了美丽的“万木庄园”，这座庄园的主人迈克陷入了一筹莫展中。面对如此大的打击，他痛苦万分，闭门不出，茶饭不思。

转眼间，一个多月过去了，年已古稀的外祖母见他还陷在悲痛之中不能自拔，就意味深长地对他说：“孩子，庄园变成了废墟并不可怕，可怕的是，你的眼睛失去了光泽，一天一天地老去。一双老去的眼睛，怎么能看得见希望呢？”

在外祖母的劝说下，迈克决定出去转转。他一个人走出庄园，漫无目的地闲逛。在一条街道的拐弯处，他看到一家店铺门前人头攒动。原来是一些家庭主妇正在排队购买木炭。那一块块躺在纸箱里的木炭让迈克的眼睛一亮，他看到了一线希望，急忙兴冲冲地向家中走去。

在接下来的两个星期里，迈克雇了几名烧炭工，将庄园里烧焦的树木加工成优质的木炭，然后送到集市上的木炭经销店里。

很快，木炭就被抢购一空，他因此得到了一笔不菲的收入。

他用这笔收入购买了一大批新树苗，一个新的庄园初具规模了。

几年以后，“万木庄园”再度绿意盎然。

这个小故事告诉我们，换一种思维和眼光看问题，就可以化逆境为顺境。某电器公司的一次营销决策就是这样一个很好的案例。

在一个家电公司的会议上，高层决策者正在为自己新推出的加湿器制订宣传方案。

在现有的家电市场上，加湿器的品牌已经多如牛毛，而且每一个都费足了心思来推销自己的产品。

怎样才能在如此激烈的竞争中，将自己的加湿器成功地打入市场呢？所有的高层决策者都为此一筹莫展。

这时，一个刚进入决策层的总经理说道：

“我们一定要局限在家电市场吗?”所有的人都愣住了，静听他的下文。

“有一次，我在家里看见妻子做美容用喷雾器，于是就想，我们的加湿器为什么不可以定位在美容产品上呢?”

他还没有说完，总裁就一跃而起，说道：

“好主意！我们的加湿器就这样来推!”

于是，在他们新推出的加湿器广告理念中，加湿器就被作为了冬季最好的保湿美容用品。他们的口号是——加湿器：给皮肤喝点水。

新的加湿器一上市，就成功抢占了市场，当然，这和他们新颖的创意宣传是分不开的。

在家电市场竞争日益激烈的销售战中，几乎每一种品牌都在无所不用其极地使人们记住他们的产品，在这种情况下，如果依然在家电圈子里打主意，意义就不大了。

重新为自己的产品定位，给自己的产品换一个新的角度，该家电公司的这一全新的理念，为自己赢来了一个新的市场。这样的创新，不仅使消费者耳目一新，重新认识了加湿器，也使他们避开了激烈的家电市场竞争，成功地推销了自己的产品。

遇到问题的时候，不要让困难禁锢你的思想，试着多从不同的角度去思考，你就会发现解决问题的办法在不远处等着你。下面这两个小故事就很好地说明了这个道理。

美国有位经营肉食品的老板，在报纸上看到这么一则毫不起眼的消息：墨西哥发生类似瘟疫的流行病。他立即想到墨西哥瘟疫一旦流行起来，一定会传到美国来，而与墨西哥相邻的两个州是美国肉食品的主要供应基地。如果发生瘟疫，肉类食品供应必然紧张，肉价定会飞涨。

于是他先派人去墨西哥探得真情后，立即调集大量资金购买大批菜牛和肉猪饲养起来。过了不久，墨西哥的瘟疫果然传到了美国这两个州，市场肉价立即飞涨。时机成熟了，他趁机大量售出菜牛和肉猪，净赚百万美元。

19 世纪美国加州发现金矿的消息使得数百万人涌向那里淘金。17 岁的雅木尔也加入了这个行列。一时间加州的淘金人面临生活干燥、水源奇缺的困境。小雅木尔也未淘到金，周围的人们大多数也没有淘到金。可细心的小雅木尔却发现，远处的山上有水。

她在山脚下挖水引渠，积水成塘，然后，她将水装进小桶里，每天跑几十里路卖水，不再去淘金，做没有成本的买卖，生意极好。可淘金者当中有不少人嘲笑她。许多年过去了，大部分淘金者空手而归，而雅木尔却获得了 6700 万美元，成为当时很富有的人。

塞翁失马，焉知非福。任何危机都蕴藏着新的机会，这是一个颠扑不破的人生真理。

遇到困难，多尝试从不同的角度去思考问题，相信很快你就能够找到反败为胜的机会。

第二节　职场求异思维

很多时候，对问题只从一个角度去想，很可能进入死胡同，因为事实也许存在完全相反的可能。这时，不妨运用逆向思维，做一条逆向游泳的鱼，在反向中求得胜利的果实。

当你面对一个史无前例的问题，沿着某一固定方向思考而不得其解时，灵活地调整一下思维的方向，从不同角度展开思考，甚至把事情整个反过来想一下，那么就有可能反中求胜，捧得成功的果实。

宋神宗熙宁年间，越州（今浙江绍兴）闹蝗灾。成片的蝗虫像乌云一样，遮天蔽日。所到之处，禾苗全无，树木无叶，一片肃杀景象。当然，这年的庄稼颗粒无收。

新到任的越州知州赵汴，就面临着整治蝗灾的艰巨任务。越州不乏大户之家，他们有积年存粮。老百姓在青黄不接时，大都过着半饥半饱的日子，而一旦遭灾，便缺大半年的口粮。灾荒之年，粮食比金银还贵重，哪家不想存粮活命？一时间，越州米价飞涨。

面对此种情景，僚属们都沉不住气了，纷纷来找赵汴，求他拿出办法来。借此机会，赵汴召集僚属们来商议救灾对策。

大家议论纷纷，但有一条是肯定的，就是依照惯例，由官府出告示，压制米价，以救百姓之命。僚属们七嘴八舌，说附近某州某县已经出告示压米价了，倘若还不行动，米价天天上涨，老百姓将不堪其苦，甚至会起事造反的。

赵汴听了大家的讨论后，沉吟良久，才不紧不慢地说："今次救灾，我想反其道而行之，不出告示压米价，而出告示宣布米价可自由上涨。""啊？"众僚属一听，都目瞪口呆，先是怀疑知州大人在开玩笑，而后看知州大人认真的样子，又怀疑这位大人是否吃错了药，在胡言乱语。赵汴见大家不理解，笑了笑，胸有成竹地说："就这么办。起草文书吧！"

官令如山倒，大人说怎么办就怎么办。不过，大家心里都直犯嘀咕：这次救灾肯定会失败，越州将饿殍遍野，越州百姓要遭殃了！这时，附近州县都纷纷贴出告示，严禁私涨米价。若有违犯者，一经查出，严惩不贷。揭发检举私涨米价者，官府予以奖励。而越州则贴出不限米价的告示，于是，四面八方的米商纷纷闻讯而至。

头几天，米价确实增了不少，但买米者看到米上市得太多，都观望不买。然而过了几天，米价开始下跌，并且一天比一天跌得快。米商们想不卖再运回去，但一则运费太贵，增加成本，二则别处又限米价，于是只好忍痛降价出售。

这样一来，越州的米价虽然比别的州县略高点，但百姓有钱可买到米；而别的州县米价虽然压下来了，但百姓排半天队，却很难买到米。所以，这次大灾，越州饿死的人最少，受到朝廷的嘉奖。

僚属们这才佩服了赵汴的计谋，纷纷来请教其中原因。赵汴说："市场之常性，物多则贱，物少则贵。我们这样一反常态，告示米商们可随意加价，米商们都蜂拥而来。吃米的还是那么多人，米价怎能涨上去呢？"原来奥妙在于此。

很多时候，对问题只从一个角度去想，很可能进入死胡同，因为事实也许存在完全相反的可能。有时，问题实在很棘手，从正面无法解决，这时，假如探寻逆向可能，反倒会有出人意料的结果。

有一个故事，主人公也是运用了逆向思维的手法而取得了不错的收益。

巴黎的一条大街上，同时住着三个不错的裁缝。可是，因为离得太近，所以生意上的竞争非常激烈。为了能够压倒别人，吸引更多的顾客，裁缝们纷纷在门口的招牌上做文章。

一天，一个裁缝在门前的招牌上写上了"巴黎城里最好的裁缝”，结果吸引了许多顾客光临。看到这种情况以后，另一个裁缝也不甘示弱。第二天，他在门口挂出了“全法国最好的裁缝”的招牌，结果同样招揽了不少顾客。

第三个裁缝非常苦恼，前两个裁缝挂出的招牌吸引了大部分的顾客，如果不能想出一个更好的办法，很可能就要成为“生意最差的裁缝”了。

但是，什么词可以超过“全巴黎”和“全法国”呢？如果挂出“全世界最好的裁缝”的招牌，无疑会让别人感觉到虚假，也会遭到同行的讥讽。到底应该怎么办？正当他愁眉不展的时候，儿子放学回来了。当他知道父亲发愁的原因以后，笑着说：“这还不简单！”随后挥笔在招牌上写了几个字，挂了出去。

第三天，另两个裁缝站在街道上等着看他们的另一个同行的笑话，但事情却超出了他们的意料。因为，他们发现，很多顾客都被第三个裁缝“抢”走了。这是什么原因？原来，妙就妙在他的那块招牌上，只见上面写着“本街道最好的裁缝”几个大字。

在竞争日趋激烈的今天，人们更需要借助于不同常规的思维方式来取胜。在上面的故事中，面对其他人提出的全城和全国的“大”，裁缝的儿子却利用街道的“小”来做文章，并最终取得了胜利。因为在全城或者全国，他不一定是最好的，但在街道这个特定区域里，他就是最好的，而这才是具有绝对竞争力的。

思维逆转本身就是一种灵感的源泉。遇到问题，我们不妨多想一下，能否朝反方向考虑一下解决的办法。反其道而行是人生的一种大智慧，当别人都在努力向前时，你不妨倒回去，做一条反向游泳的鱼，去寻找属于你的路径。

第三节 职场类比思维

当工作遇到难题时，当进程难以推进时，曾经历过的相似情境也许可以带给你启发与灵感，让你在相似性中找到解决问题的最佳方案。

类比思维法就是根据两个对象在一系列属性上相同或相似，由其中一个对象具有某种其他属性，推测另一个对象也具有这种其他属性的思维方法。由这种方法所得出的结论，虽然不一定很可靠、精确，但富有创造性，往往能将人们带入完全陌生的领域，给予许多启发。

类比思维法在创新和解决问题时，具有很大的指引作用，得到了思想家、科学家们的高度评价。

天文学家开普勒说："类比是我最可靠的老师。"

哲学家康德说："每当理智缺乏可靠论证的思路时，类比这个方法往往能指引我们前进。"

现代社会，随着日常创造的增加，类比的作用尤其得到重视。如日本学者大鹿·让认为："创造联想的心理机制首先是类比……即使人们已经了解到了创造的心理过程，也不可从外面进入类似的心理状态……因此，为了给创造活动创造一个良好的心理状态，得采用一个特殊的方法，就是使用类比。"

瑞士著名的科学家阿·皮卡尔就运用类比发明法创造了世界上第一艘自由行动的深潜器。

皮卡尔是位研究大气平流层的专家，他设计的平流层气球，曾飞到过15690米的高空。后来他又把兴趣转到了海洋，研究海洋深潜器。尽管海和天完全不同，但水和空气都是流体，因此，皮卡尔在研究海洋深潜器时，首先就想到利用平流层气球的原理来改进深潜器。

在这以前的深潜器，既不能自行浮出水面，又不能在海底自由行动，而且还要靠钢缆吊入水中。这样，潜水深度将受钢缆强度的限制，钢缆越长，自身重量就越大，也就容易断裂，所以过去的深潜器一直无法突破 2000 米大关。

皮卡尔由平流层气球联想到海洋深潜器。平流层气球由两部分组成：充满比空气轻的气体的气球和吊在气球下面的载人舱。利用气球的浮力，使载人舱升上高空，如果在深潜器上加一只浮筒，不也就像一只“气球”一样可以在海水中自行上浮了吗？

皮卡尔和他的儿子小皮卡尔设计了一艘由钢制潜水球和外形像船一样的浮筒组成的深潜器，在浮筒中充满比海水轻的汽油，为深潜器增加浮力，同时，又在潜水球中放入铁砂作为压舱物，使深潜器沉入海底。

如果深潜器要浮上来，只要将压舱的铁砂抛入海中，就可借助浮筒的浮力升至海上。再配上动力，深潜器就可以在任何深度的海洋中自由行动。这样就不需要拖上一根钢缆了。第一次试验，就下潜到 1380 米深的海底，后来又下潜到 4042 米深的海底。

皮卡尔父子设计的另一艘深潜器“理雅斯特”号下潜到世界上最深的洋底——10916.8 米，成为世界上潜得最深的深潜器，皮卡尔父子也因此获得了“上天入海的科学家”的美名。

类比思维法在运用时就要寻找事物的相似点，并且要对“相似性”保持敏感，以达到触类旁通的目的。

医生常用的听诊器的发明就源于类比思维的运用。

一个星期天，法国著名医生雷内克瓦带着女儿到公园玩。女儿要求爸爸跟她玩跷跷板，他答应了。玩了一会儿，医生觉得有点累，就将半边脸贴在跷跷板的一端，假装睡着了。

女儿见父亲的样子，觉得十分开心。突然，医生听到一声清脆的响声。睁眼一看，原来是女儿用小木棒在敲跷跷板的另一端。这一现象，立即使他联想到自己在医疗中遇到的一个问题：当时医生听诊，采用的方式是将耳朵直接贴在患者有病部位，既不方便也不科学。

他想：既然敲跷跷板的一端，另一端就能清晰听到，那么，是不是也可以通过某样东西，使病人身体某个部位的声响让医生能够清楚地听见呢？

雷内克瓦用硬纸卷了一个长喇叭筒，大的一头靠在病人胸口，小的一端塞在自己耳朵里，结果听到的心音十分清楚。世界上的第一个听诊器就这样产生了。

后来，他又用木料代替了硬纸做成了单耳式的木制听诊器，后人又在此基础上研制了现代广泛应用的双耳听诊器。

类比思维法是解决陌生问题的一种常用策略，它教我们运用已有的知识、经验将陌生的、不熟悉的问题与已经解决的熟悉问题或其他相似事物进行类比，从而解决问题。

第四节　职场纵向思维

在职场中，问题没有得到解决往往是因为我们习惯浅尝辄止，没有深入去研究和思考。如果能够用纵向思维来思考，遇事多问几个为什么，很多创造和办法就会很自然地产生了。

拿破仑·希尔曾经说过这样一句话："由于我们的大脑限制了我们的手脚，因此，我们掌握不了出奇制胜的方法，往往会简单地放弃。"深入一步，就能够增加思维的深度，进行有效的突破。因此，可以说而深入一步就是人们获取成功的一柄利器，很多创造和办法都是在深入一步的思考中诞生的。

那么，怎样才能"深入一步"呢？这就需要我们不轻易对问题的进展表示满足，多一些疑问，努力揭示出问题的本质，解决问题不仅能治标，还能治本。

丰田汽车工业公司总经理大野耐一认为，他之所以能发明"丰田生产方式"，根本原因在于他从不满足，善于"在没有问题中找出问题”。

在世人看来，“不满足现状”总是不好的，但在丰田工厂里却有一个口号：“不满足是进步之母。”丰田工厂鼓励员工对现状不满。但要求把这个不满足同改革结合起来，而不是和牢骚结合起来。大野本人就是个善于从不满中发现问题，加以改进的人。大野曾总结他发现问题的秘诀，在于凡事要“问5次为什么”。

有一次，生产线上有台机器老是停转，修了多次都无效。大野就问：“为什么机器停了？”

工人答：“因为超负荷，保险丝烧断了。”

大野又问：“为什么超负荷呢？”

答：“因为轴承的润滑不够。”

大野再问：“为什么润滑不够？”

答：“因为润滑泵吸不上油来。”

大野再问：“为什么吸不上油来呢？”

答：“因为油泵轴磨损，松动了。”这样，大野还不放过，又问：“为什么磨损了呢？”答：“因为没有安装过滤器，混进了铁屑。”

于是，大野下令给油泵安上过滤器，终于使生产线恢复了正常。倘若不是这样打破砂锅问到底，只满足于换一个保险丝，或者换一下油泵轴，过一阵仍会出现同样的故障。

大野说：“丰田生产方式就是积累并运用这种反复问5次‘为什么’的科学探索方法才创造出来的。”

所以，当你就一个问题探寻其原因时，一定要追根溯源，深入探查问题的核心，而不要满足于停留在问题的表面。

多问几个“为什么”的纵向思维方法在科研方面也起着主要的作用。我们这里举一个典型的例子：

爱迪生是人类历史上最伟大的发明家，他一生发明的东西有1600多种，有人不无夸张地说：“如果人类没有了爱迪生的发明，人类文明史至少要往后推迟200年。”

那么，爱迪生的发明天赋从何而来呢？对他一生进行长期研究的专家指出，爱迪生的发明很多来自提问。平时爱迪生会对常人熟视无睹的问题提出无数个“为什么”。虽然他没有将自己所问的问题都求出答案来，然而他已得出来的答案却多得惊人。

有一天，他在路上碰见一个朋友，看见他手指关节肿了。便问：

“为什么会肿呢?”

“我不知道确切的原因是什么。”

“为什么你不知道呢？医生知道吗?”

“唉！去了很多家医院，每个医生说的都不同，不过多半的医生认为是痛风症。”

“什么是痛风症呢?”

“他们告诉我说是尿酸淤积在骨节里。”

“既然如此，医生为什么不从你骨节中取出尿酸来呢?”

“医生不知道如何取法。”病者回答。

“为什么他们不知道如何取法呢?”爱迪生生气地问道。

“医生说，因为尿酸是不能溶解的。”

“我不相信。”爱迪生说。

爱迪生回到实验室里，立刻开始做尿酸到底是否能溶解的试验。他排好一列试管，每只管内都灌入四分之一不同的化学溶液。每种溶液中都放入数颗尿酸结晶。

两天之后，他看见有两种液体中的尿酸结晶已经溶化了。于是，这位发明家有了新的发现，一种医治痛风症的新方法问世了。

爱迪生这种凡事都爱问个“为什么”的思维方式，为他以后的各种发明创造开辟了一片广阔的天地。

纵向思维就是要问“为什么”，实际上“为什么”这三个字表达了一种深入开掘的欲望。平时，对那些寻常的事物，我们自认为很熟悉，想不起要问个“为什么”。殊不知，事物的真实本质和改变创新的机遇，往往就隐藏于对寻常事物再问一个“为什么”的后面。

因此，我们主张进行积极的思维活动，不管遇到什么问题，都要多问几个为什么。当你恰到好处地利用纵向思维这把开启脑力的钥匙后，整个世界也就为你敞开了大门。

第五节　职场平面思维

在一个地方打井，老打不出水来。是嫌自己打得不够深，而增加努力程度，还是考虑到也许这里根本就没有水，而换一个地方打口井？这后一种方法就是平面思维的方法。

吴莹莹在一家青年报社任科学编辑，工作很出色。然而，单位人才济济，她在工作中很难取得更突出的成绩。在处理读者来信时，她发现有不少青年读者，当工作和生活遇到了问题，却没有地方表达和交流。于是她建议报社开办一条专门针对青年人的心理热线。

这个想法虽然十分新颖，但是在报社里反应平平。多数人认为自己的工作主要是写作和发表新闻稿件，要花时间干这样的事，未必值得，但领导还是同意了她的想法。热线很快开通了，在社会上产生了极大的反响，热线电话几乎打爆。

众多青少年的心声，通过一条简单的电话线汇集到了一起，也为吴莹莹提供了很多十分新颖、十分深刻的素材。

后来，报社顺应读者要求在报纸上开辟了一个新的版面，名叫《青春热线》，每周以 4 个整版的篇幅反映这些读者的心声。《青春热线》逐渐成了该报社最受欢迎的栏目，吴莹莹也获得了新闻界的许多奖项。

吴莹莹之所以能够取得这样的成功，是因为她在工作中具有自动自发的精神。具有这种精神的人，往往能创造出别人无法创造的价值。另外，在智慧的层面上，吴莹莹还有十分突出的一点——换地方打井。“换地方打井”就是要学会开拓新思路。

“换地方打井”是“创新思维之父”，著名思维学家德·波诺提出的概念，用来形容他提出的平面思维法。

对于平面思维法，德·波诺的解释是：“平面”是针对“纵向”而言的。纵向思维主要依托逻辑，只是沿着一条固定的思路走下去，而平面思维则偏向多思路地进行思考。

德·波诺打比方说：“在一个地方打井，老打不出水来。具有纵向思维方式的人，只会嫌自己打得不够深，而增加努力程度。而具有平面思维方式的人，则考虑很可能是选择打井的地方不对，或者根本就没有水，所以与其在这样一个地方努力，不如另外寻找一个更容易出水的地方打井。”

纵向思维总是使人们放弃其他的可能性，大大局限了创造力。而平面思维则不断探索其他的可能性，所以更有创造力。

在美国西北某地，一到冬天，电影院里就常有戴帽子的女观众。她们的帽子很影响后面观众的视线。为此，放映员多次打出“影片放映时请勿戴帽”的字幕，但始终无人理睬。

后来，放映员经人指点，打出了一则通告，通告说：“本院为了照顾衰老高龄的女观众，允许她们照常戴帽子，不必摘下。”

这则通告一出，所有戴帽子的女观众都摘下了帽子。因为她们谁都不愿意被看作是“衰老高龄”的女人。

这则通告的成功，就源于适合女性心理特点的思维转向。如果放映员仍在“让大家摘帽子”上下功夫，恐怕问题还是难以得到解决。

其实，运用平面思维获得成功的例子在我们的生活中随处可见，而且，平面思维的运用并不是一件特别困难的事情，只要我们稍加留心、稍加思考就可以做到。

有一位姓马的老板，他就是因为灵活地运用了平面思维，才获得了生意的成功。

有位杨老板在国道边上开了个饭馆，生意很不景气，眼看着众多的车辆从门前开过，很少有人光顾。他用打折、送汤等吸引顾客的办法，都没有起什么作用，最后只好关门大吉，把饭馆盘给这位姓马的老板。

这位马老板别出心裁地在饭馆旁边修建了一个很漂亮的公共厕所，并做了一个不收费的醒目牌子。许多班车司机路过这儿总要停下车，先让旅客们方便方便，顺便再让大家去饭馆就餐。从此饭馆的生意一天比一天红火，吃饭的人越来越多，不到两年，马老板把小饭馆扩建成三层楼的大饭店。

杨老板用传统的思维经营饭馆失败了，马老板用平面思维，打开了另一扇成功之门。思维说难也难，要说容易也容易。说它难是因为人的思维存在着惯性，在思考问题时，常常受各种因素的约束，只能采用一种答案，不愿或者根本就想不到去寻找更多的解决方案，这样就容易走入误区，陷入失败的怪圈。

马老板在经营饭店时，他不先考虑“大家都怎么经营”，而先考虑“大家都不做什么”或者“大家还有什么没有做”，然后寻找大家都不做的去做。

第七篇

画出完美人生

第一章　画出清晰思路

第一节　提高上课记笔记的效率

我们从上学第一天开始，爸爸妈妈就为我们准备好了笔记本，告诉我们上课要养成记笔记的好习惯。

但是从来没有人告诉我们，具体怎样记笔记，怎样记笔记才是最科学合理的？几乎可以说，世界上99%的人记笔记都是一个模式，那就是依靠文字、直线、数字和次序。如果在课堂上，甚至直接把老师写在黑板上的内容照搬下来。

我们也从来没有想过，这种记笔记的方式有什么不妥？

但实际上，它的缺陷就是，这种记笔记方式不是一套完整的工具，它仅仅体现了你“左脑”的功能，却没有体现“右脑”的功能，因为右脑可以让我们感受到节奏、颜色、空间等等。

我们习惯的那种笔记，很少用到彩色，一般我们习惯了只用黑墨水、蓝墨水或者铅笔去书写。有些人很多年也只用一种颜色记笔记、写作业。现在回头看看，一种颜色的笔记真是单调极了，而且还封锁了我们大脑中无穷的创造力。

另外，这种直线型笔记仅仅是学生对老师课堂内容的机械的不完全的复制，相互之间没有关联、没有重点；而且很多学生忙于记录，没有时间真正地去思考，久而久之，就养成了学生记忆知识而不是思考知识的习惯，容易形成思维惰性。

也可以说，这种传统的记笔记方式，只利用了我们一半的大脑，同时，照字面意义去理解笔记内容，我们的智能被减了一半。

这种颜色单一的笔记，容易对我们的大脑产生负面影响，比如：容易走神；逃避问题；转移注意力；大脑空白；做白日梦；昏昏欲睡。

相比较传统笔记埋没了关键词、不易记忆、笔记枯燥、浪费时间、不能有效刺激大脑、阻碍大脑作出联想等诸多缺陷，思维导图笔记就是一种最佳的思维方式，它运用丰富的色彩和图像，可以充分反映出空间感、维度和联想能力，能彻底解放我们的创造力。

思维导图记笔记的方式可以对我们的记忆和学习产生巨大的影响，比如：

记忆相关的词可以节省50％到95％的时间；

读相关的词可节省90％左右的时间；

复习思维导图笔记可节省90％时间；

可集中精力于真正的问题；

让重要的关键词更为显眼；

关键词可灵活组合，改善创造力和记忆力；

易于在关键词之间产生清晰合适的联想；

画图过程中，会有更多新的发现和新思想的产生；

……

大脑不断地利用其皮层技巧，越来越清醒，越来越愿意接受新事物。

其实，做思维导图日记的步骤和上一篇所讲到的如何“让一本书变成一张纸的思维导图”步骤差不多。

在记笔记的过程中，我们可以一边听讲，一边画一幅思维导图，并在讲解者进行的时候找出一些基本概念，做成一个大概的框架。也可以在听完讲解以后，编辑并修正你的思维导图笔记，从而在修订的过程中，让信息产生更广泛的意义，因而也加强了你对它的理解。

第二节　用思维导图听讲座

听讲座时使用思维导图，与前面的“让一本书变成一张纸的思维导图”步骤基本类似，只是，如果你面临的是讲演者使用线性讲座或宣读的情况，将会对你绘图过程中随意使用材料造成一定影响。

为了避免这种影响，建议你在绘制思维导图之前，先尽快从总体上大概浏览一下讲座的主题，在讲座开始之前，你就可以尝试画一个与主题相关的中央图像和尽量多的主要分支。

同时，你还可以与演讲者索要与主题相关的材料，而他们通常很乐意为你提供这方面的资料。

如果当时的条件允许，你还可以抽出几分钟时间针对讲座的内容作一个速射，以便让大脑做好吸纳新知识的准备。

一般情况下，准备工作如下：

首先准备一张记笔记时用的大一点的空白纸，最好是 A3 大的纸张，尽量选择大纸张的好处是，可以使你的大脑顺利地看见思维及信息的“全貌”。

在做讲座类的笔记时，最重要的是要记下关键词及所需的重要图像。同时还要明白一点，做这样一幅思维导图或许要到最后出现完整的结构时，才会清楚要全部表达的意思。

可以说，我们在听讲座过程中，所迅速记下的任何笔记可能只是半成品，而不是最终的成品。因为在讲座主题没有完全变得明晰之前，你所记的内容是不完整的。

其次，我们应该明晰，听讲座时记笔记的重点是内容，不是为了视觉上的“美观”。

有一些表面上看起来“整洁”的笔记如果从信息角度看的话，其实是杂乱的。其实，在那些“整洁”的笔记中，关键信息是隐蔽的，被切割开并混杂于一些不相干的词语中。而那些看来“凌乱”的笔记从信息角度看却是整洁的。它们能即时地表明重要的概念及其之间的联系。在某些情况下甚至表示出交叉及相对立的信息。

最后，当你听完讲座，并最终完成思维导图，你面前的思维导图应该是整洁的。如果你再花一些时间，就可以在另一张新的空白纸上最终完成一个小时笔记的思维导图。

重新组织思维导图是一个很有成效的练习过程，尤其是当你在学习阶段就很合理地组织的话，那么这个重组过程可以看作是首次温习过程。

比如，下面是一位听众关于“如何树立自信”的思维导图笔记。

第三节　如何激活我们的创造力

不知你是否知道，在印度尼西亚有一种母科摩多大蜥蜴，当它第一次产卵时，它知道要先爬一段险坡，然后到一座火山里面产卵，这样刚出生的小蜥蜴存活率会比较高。即使作为母亲的大蜥蜴不是生在火山中，但它却十分清楚地知道必须如此。

大蜥蜴是怎么知道的？又是谁告诉它的？

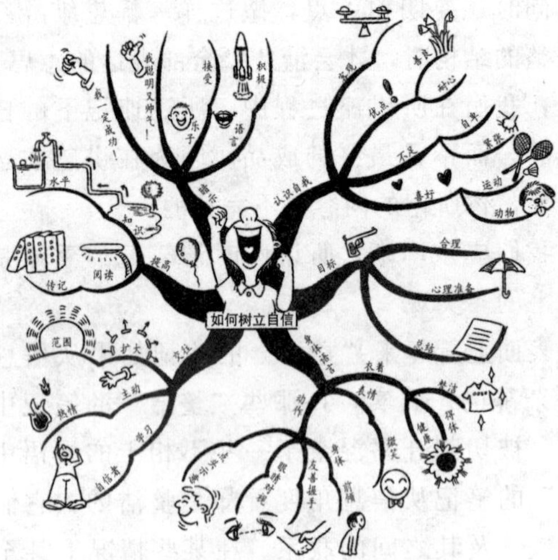

很多时候，我们也像科摩多大蜥蜴那样，其实知道很多不可能知道的事。这些特殊的思考能力或想法有时在日常生活中就这么突然地冒出来，尽管有些时候我们所处的状态十分清晰，它还是会忽然闪现在脑海中。在这种时候，我们的心犹如与一种更广大的意识相联结在一起。

在我们的经验储存器——大脑中，有些资料是非常平凡而熟悉的，有些带有惊人的意象和联想。不管怎样，它们都与我们的生活息息相关，不过，有一点可以明确，那就是我们可以辨认出这些资料是从哪里来的。

除此，有一些是我们不可能知道的，我们可以称它为直觉，也可以称它为第六感。那可能是一种对于原始事物的原始理解，而不是人生经验所带给我们的。

因此，每一个人的内心深处似乎都具有一个属于自己的创造源泉。同时，存在一种超越个人的，属于全人类的共同源泉，里面储存着各种原始、深奥的集体智慧。这个庞大源泉或许在我们体内，或许我们通过一种渠道与它联结。

脑神经学家拉塞·布莱思说：创造能力强的人的神经元数

量虽然比普通人少，但是可以组成丰富的功能模式。科学实践告诉我们，神经系统是创造力的生物学基础。神经元的构造和功能影响着创造力水平的高低。

根据克拉克的研究，创造力强的人的大脑有以下五个特点：

（1）表现出快速的突触活动，引起更迅速的资讯过程；

（2）具有丰富的化学成分的神经元，可形成更复杂的思维模式；

（3）更多地运用前额皮层（额叶）的功能，使顿悟和直觉思维得以强化；

（4）脑波输入更快，更为持久，能够从轻松的学习、强化记忆及左右脑的综合功能中得到乐趣；

（5）脑节律的一致性、共时性和专心致志的强化。

有创造力的人神经系统强度高，兴趣和意志集中，灵活和均衡性高、分析力强，大脑功能潜力大。

创造力是知识经济时代最有活力、最有前景、最有挑战的能力，全脑创造力就是既要运用左脑，又要积极开发右脑潜能，多管齐下，平衡发展，发挥大脑潜能，最大限度地提高创造能力，使我们在高度竞争的社会生活中立于不败之地，并且能够体现出我们所具有的生命意义。

原中国教育部副部长吴启迪说，“指南针、造纸术、印刷术和火药，中国的四大发明让我们感到自豪，但在接下来的几个世纪里，我们没有保持发明的步伐。四大发明充分证明了中国人的能力，我们需要回到那样的状态。”

是的，无论是从国家进步、民族发展的大局，还是从个人需要创造社会价值的角度，我们都需要激活自己的创新能力！

但是，如何有效地激活我们的创新能力呢？

1. 破除思维定式

你听说过世界贸易史上著名的“左手手套”事件吗？该事件中的一位奸商为我们突破常规思维，破除思维定式上了精彩的一课：

在美国，海关已有数百年的历史，对于那些蓄谋逃避海关管理条例的人来说，简直难于上青天。但有个进口商却得逞了。在美国，一种来自法国生产的女式皮手套十分昂贵，因为按照美国海关的规定，这种手套需缴纳高额进口税。有一位进口商来到法国，订购了一万副最昂贵的皮手套。随后，他仔细地把每副手套都一分为二，将其中一万只左手手套发运到美国。

货物运到之后，这位进口商迟迟不去提取这批货物。他放心地让货物留在海关，直到过了提货期限。按照海关的管理规定，凡遇到这种无人前来提货的情况，海关要将货物作为无主货物拍卖处理。于是，这一万只舶来的左手手套全都被拿出来拍卖了。

人人都会认为，一万支左手手套买下来毫无价值，所以基本没有人参与投标，除了那位进口商的代理人，他只出了一笔微不足道的钱就把它们全部买了下来。通过这种过期不提货然后再由低价拍卖的方式，进口商成功地逃避了高额的进口税，这是他出奇制胜的高招。

然而，与此同时，美国海关当局也察觉到了这其中不无蹊跷。他们晓谕下属：务必严加注意，可能有一批右手手套舶到。在这里，美国海关的管理人员犯了一个极大的错误：他们觉得这一批左手手套肯定有右手配套的手套存在，这是没错的，但是，如果那位进口商使用同样的伎俩，把一万只右手手套运到美国，肯定会被识破，所以，美国海关人员的这种做法，完全是按照常规思维出发，按照约定俗成的“案例”思维去考虑问题，他们想“守株待兔”。这是他们最终输给那位进口商的思维根源。

事实上，那位进口商早已猜到了海关的这种想法。他还料到，海关人员会假设这些右手手套将一次整捆运来。所以，他把那些右手的手套分装成五千盒，每盒装两只右手手套。他猜测，海关官员可能会假设，一盒装两只手套，那就是一整副手套。

结果，海关人员再次被这位进口商蒙混过关。海关的人员在检查的时候，觉得放在一个盒子里面，肯定就是左右手配成一套的手套，于是没有做仔细的检查。进口商的第二批货物通过了海关，而那位狡猾的进口商只缴了五千副手套的关税，再加上在第一批货拍卖时付的那一小笔钱。这样，他把一万副手套都弄到了美国，不但省下了大批的关税开支，还为自己争得了赫赫大名。

海关人员之所以会在进口商人的伎俩之下一再失算，就因为他们抱着约定俗成的思维不放，用常规思维去看待进口商人突破常规的做法，这样自然是会落在下风了。而这位进口商人则最大限度地调动了自己的思维，破除思维定式把一切可以利用的常规都当做掩护自己的障眼法，从而逃过了高额的进口关税。

2. 要善于把新思维和旧形式有机地结合起来

对这种做法，中国人叫“旧瓶装新酒”。

其实，这个词在很多地方都是贬义的。从中国人的传统思维出发，如果你有一种全新的想法或者做法，就应该使用同样新的形式，这样才能“配套”，或者说相称。如果一个新的想法或做法，使用旧有的形式，在中国人看来，就是驴唇不对马嘴，不伦不类。

这是一种误解，一种出于常规思维的误解。所谓“新事物”，不一定非要彻头彻尾都是新的，只要其中包含着创新的成分，就是新事物，所以，旧瓶装新酒，是十分正常的，很多中国人不懂得这一点，所以往往屈从于常规的“旧瓶”——他们把精力都放在如何把“旧瓶”换成“新瓶”的问题上，而忽略了“旧瓶装新酒”的可行性。

克拉伦斯·伯德恩埃旅行到加拿大时，看到有些鱼在天然条件下封冻并解冻，他从大自然中得到启发，这就产生了冷冻食品工业。在某一个制笔行业里，一个聪明人认识到，只要是有笔的地方，就一定要有墨水，那么为什么不把两者结合起来呢？结果自来水笔诞生了。

由此观之，所有的新思想，归根结底，都是借鉴于旧思想的，都是在旧思想的基础上添砖加瓦，把它们结合起来或进行修改。如果是偶然做成，人们会说你运气好；如果是有计划地做成，人们便说你有创造性。然而，无论是运气好，还是有创造性，都无法做到制造出“全新”的事物，很大程度上，都要借助旧思想、旧事物，这就是所谓的“旧瓶装新酒”。

3. **学会乐于接受各种新创意**

为了激活我们的创造力，我们一定要摆脱一些守旧观念的束缚，最好永远不要说“办不到”“没有用”之类的话。另外我们还要有实验精神，你可以去尝试新的餐馆、新的书籍、新的戏院以及新的朋友，或者采取跟以前不同的上班路线。

如果你从事销售工作，就试着培养对生产、会计、财务等的兴趣，这样会扩展你的能力。要明白进步本身就是一种收获，一般有重大成就的人都会不断地为别人和自己设定较高的标准，不断寻求增进效率的各种方法。“以较低成本获得较高的回报，以较少的精力去做较多的事情”。

通常，破除思维定式，激发创造性思维，从原有的框框里跳出来大约要经过5个步骤：

(1) 原始的观念。

当你遇到一个问题要解决或有一件事要做；你想学习另外一门课程；你想改变一下自己的穿着风格；或者你想把学校里的不合理的制度作一下改进等等。这些都属于最原始的观念。

(2) 预备阶段。

你可以尝试搜索做成一件事的所有可能的方法。然后尽可能多地收集与之相关的资料，到图书馆阅读有关书籍，与别人交谈、和别人交换想法，提出问题等等。时刻准备去接受新东西，这些都是开动我们想象力的跳板。

(3) 酝酿阶段。

这一阶段属于潜意识自由活动的阶段。你可以尽情地放松，比如出去散散步，晒晒太阳，睡个午觉，洗个热水澡，做做其他的事情或打一会儿球，把问题留到以后再解决。

(4) 开窍阶段。

这是创造过程的最高阶段。眼前忽然闪现一盏明亮的灯，一切东西都突然变得井井有条。查尔斯·达尔文一直在为进化理论收集材料，突然有一天，当他坐在马车里旅行时，这些材料都突然一下子融为一体了。

达尔文写道："当解决问题的思想令人愉快地跳进我脑子里的时候，我的马车驶过的那块地方我还记得清清楚楚。"开窍是创造过程中最令人兴奋和愉快的阶段。

(5) 核实阶段。

不管你有多么聪明，有时处于开窍阶段得到的启示可能根本不可靠。这时便要发挥理智和判断的作用。你忽然闪现的灵感要经过逻辑推理加以肯定或否定。你要跳出来尽可能客观地看待你的设想。多征求别人的意见，听听别人的看法，对这出色的设想加以修正，使之趋于完善。而且经过核实，你往往会得出更新更好的见解。

思维导图很适合创造力发散性的思维特点，因为它本身利用了所有一般认为与创造力相连的一些技巧，特别是想象力、联想和灵活性。

创造性思维导图可以让制作者在实现自己目标的过程中，产生源源不断的思考力，甚至可以让制作者一次看到很多因素的全景，因而就增加了创造性联想和思维整合的可能性。导致新创意的产生。

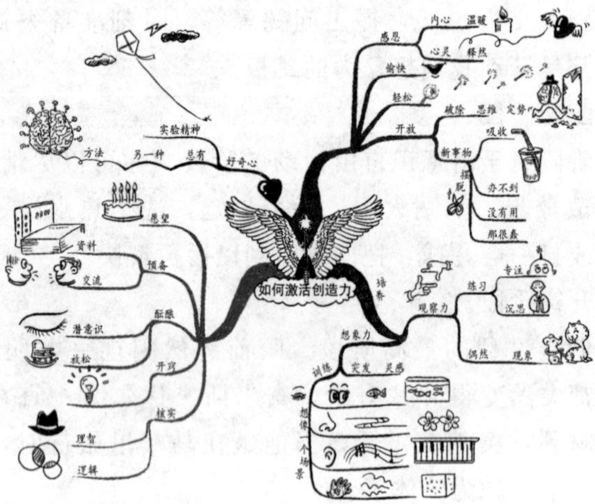

第四节　尝试思维导图日记

你习惯记日记吗？

如果有一天，让你用一种新奇的方式去写日记，你敢于尝试吗？

在这里，作为一种全新的、革命性的非线性思维工具——思维导图日记应运而生，它可以让我们根据自己的需要和欲望来管理自己的时间，而不是让时间管理我们。

思维导图日记可以用于安排计划自己的事情，也可以是对过去思想和感觉的回顾性记录。

在思维导图日记身上，既能利用传统日记的优势，又能弥补传统日记的不足，并使两者得到最完美的结合。

思维导图日记比标准的日记更有效率和效益。

思维导图日记，除了会使用到传统日记中的词汇、数字、表格、顺序和系列等以外，它还能把编码、色彩、图像、符号、幽默、白日梦、联想等全部都包括进去。

思维导图日记可以让你全面真实地反映自己的大脑，它不仅成为一个时间管理方法，而且还是一个自我管理和人生管理方法。

思维导图可以从大的方面显示出年度计划，每月计划。那么，每日计划就可以在思维导图日记中体现出来，如果从理想的角度来说，你应该每天制作两幅思维导图日记。

第一幅思维导图日记可以提前安排当天的活动，第二幅可以用于监视活动的进展，同时这也可以用来对一天进行回顾性的总结。

你在一天中做了哪些事，都可以用思维导图清晰地表达出来。比如，散步、阅读、会见朋友、去舅舅家做客等等，这几个方面同时变成思维导图的几个分支，都是为了帮助你进行思考，梳理一天。

东尼·博赞所总结的思维导图日记的好处主要有：

(1) 让思维导图在不断发展的时候成为一个全面的终生管理工具，它让你随时可以安排和记录自己的生活；

(2) 思维导图本身非常漂亮，当使用者技术提高时会更为吸引人——使用者最终会开始创造艺术作品；

(3) 每年和每月及每日方案可以使一年的回顾轻松易得，因为它使用的是长期的交叉查寻及观察方法；

(4) 思维导图日记把每件事情都放在你一生的背景中加以考察；

(5) 思维导图日记提供了一个几近完整的、外化的人生记忆核；

(6) 它让你控制住生活当中对你最为重要的一些方面；

(7) 这个方法，由于其设计特点，可以鼓励你自动地进行自我开发。并让你以实现最终的成功；

(8) 它使用到图形、彩色代码和其他的思维导图制作原则，让你能够迅速地获取信息；

(9) 因为思维导图日记在视觉上更具刺激性，更为漂亮，它鼓励你不断地使用它；

(10) 用思维导图日记回顾一生时，就像观看自己一生的“电影”一样。

第二章 画出高效学习力

第一节 4种方法帮助我们启动思考

生活中，很多人认为思考本身是很乏味的、抽象的、让人迷惑的，这与使人昏昏欲睡的认识不无关系。那么，思维导图在帮助并启动我们思考方面就显示出了特有的魅力与价值，成了帮助我们理清思路的创造性工具，

为了让我们神奇的大脑转动起来，保障我们每天顺畅地思考，并提高思考力，可以从以下几个方面入手。

1. 排除多余的干扰

当我们针对要解决的问题进行思考的时候，一定要避免不受其他次要想法的干扰，因为我们的大脑里每天都有数千个一闪而过的想法产生，其中很大一部分会起到干扰的作用，使我们难以清醒地专注于我们想要思考的问题。

如果采用思维导图的形式，可以在罗列关键词的同时，进行相互的比较和筛选，可以有效排除多余的干扰，让思考更集中。

2. 紧紧围绕主题

一般，我们一次只思考一个主题，这时，我们必须命令我们的大脑集中注意力。也许，这种命令在起作用前需要几分钟时间，需要我们耐心地帮助我们的大脑关注于我们思考的主题。

这样做的好处是，可以迅速激活我们的大脑，使它运转起来，获得我们想要的想法。

这个思考的主题可以作为思维导图的关键词放在节的中心

位置。

3. 关心一下自己的感受

如果当你绞尽脑汁，还是很难围绕所要解决的问题启动思考时，那么，你可以尝试着关注一下自己的内心感受，把这些感受写在思维导图上。问问自己在思考过程中，产生了什么感受，并顺着这些感受展开与内心的对话，说不定会瞬间打开思路，获得意外的惊喜。

4. 养成随时思考的习惯

当思考成了一种习惯，无疑会对你有很大的帮助。让大脑经常处于工作状态，很容易发动你的思考过程，获得解决问题的有效方法。

平时，借助思维导图，你可以对身体发生的任何事情随时随地进行评价、质疑，比较和思考。利用思维导图无限发散的特性，可以让思维更清晰有力，哪怕是胡思乱想，也会为你所关注的问题找到满意的答案。

以上几种方法可以帮助我们训练思考。只有当我们的思考借助思维导图，并与思维导图完美地结合在一块的时候，才会更容易帮助我们获得源源不断的想法，这些想法不仅新奇而且富于创造力。

现在，请你针对如何启动自己的思考画一幅思维导图。

第二节　3 招激活思维的灵活性

灵活思维的好处是，当我们遇到难题时，可以多角度思考，善于发散思维和集中思维，一旦发现按某一常规思路不能快速达到目的时，能立即调整思维角度，以期加快思维过程。

激活思维的灵活性，可以从下面 3 个方面入手：

1. 培养迁移能力

迁移，是指一种学习对另一种学习的影响。

我们更多地要用到的是知识迁移能力，即将所学知识应用到新的情境，解决新问题时所体现出的一种素质和能力，形成知识的广泛迁移能力可以避免对知识的死记硬背，实现知识点之间的贯通理解和转换，有利于认识事件的本质和规律，构建知识结构网络，提高解决问题的灵活性和有效性。

思维的灵活性主要体现在解决问题时的迁移能力上，必须有意识地去培养自己的迁移能力，从而能够灵活地解决学习中的一些问题。

语文学习中，常常能遇到写人物笑的片段，比如《葫芦僧判断葫芦案》中的“笑”，《红楼梦》第四十四回中每一个人的“笑”，《祝福》中祥林嫂的“三笑”，各自联系起来，分析比较，各自表现了人物的什么个性，同时揭示了什么主题等等。

通过这种训练，可以使分析作品中人物的能力和写作中刻画人物的水平大大提高。

2. 利用“一题多解”

这种方法在数学学习中经常使用，对“一题多解”的训练，是培养思维灵活的一种良好手段，这种训练能打通知识之间的内在联系，提高我们应用所学的基础知识与基本技能解决实际问题的能力，逐步学会举一反三的本领。

学会“一题多解”的思维方式，可以训练思维的灵活性，使自己在思考问题的起点、方向上及数量关系的处理上，不拘泥于一种方式，而是根据需要和可能，随时调整和转换。

3. **大量阅读不同体裁的文章**

文章是作者进行创造性思维的成果。一篇文章的创造性，主要体现在它的构思和语言的运用上，体现在文章的思想观点和表达方式上。

不同体裁的文章，也各有各的特点，就是同一体裁中的同一内容的文章，风格也是各异。在阅读一篇优秀文章时，善于发现它们的不同，善于吸取它们各自的特点，对于训练自己的思维是有益的。

总之，多读各种不同的文章，既可以获得知识，又可以获得思维和写作的借鉴，可以从比较中学习到从不同角度观察事物、思考问题的方法，从而培养思维的灵活性。

培养思维的灵活性，要学会从不同的角度、不同的方向用多种方法来解决问题，从而培养思维的灵召活性。要培养思维的灵活性，就要多动脑筋，加强学习，在实践中探索日新思路、验证新方法，并及时总结、改进，就一定能增强思维的灵活性，搞高思维的应变能力。

针对3种行之有效的激活思维灵活性的方法，用思维导图表示如下：

第三节　5步让我们克服骄傲的毛病

学习中有一些人不能正确对待荣誉与成绩，有的拔尖逞能，有的盲目自满，有的沾沾自喜，有的把集体的成绩看成是个人的，有的瞧不起同学，等等。

这些骄傲自大的不良习惯，最终会影响自己的不断进步，

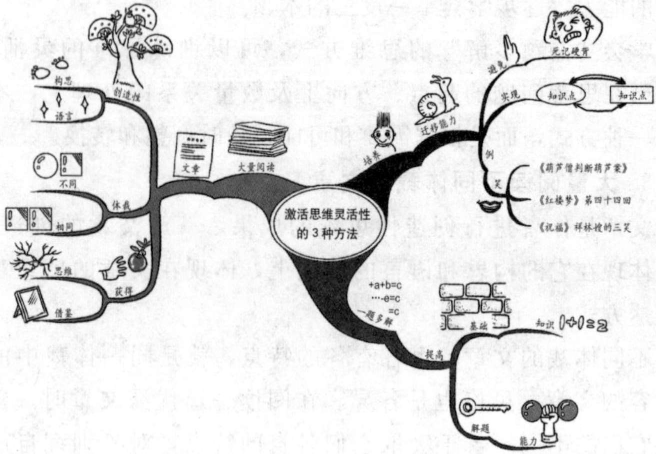

甚至使自己脱离同学，脱离集体，失去目标，成为一个自私自利的小人。而当今社会对我们的要求是，要想取得学习上的高分，成就事业，就必须首先学会做人。因此我们应从小培养谦逊的品格使自己形成戒骄戒躁的良好习惯。

那么，怎样培养谦虚的习惯呢？

首先学习这幅思维导图：

由图，我们可以看出，培养谦虚的好习惯有 5 种好方法：

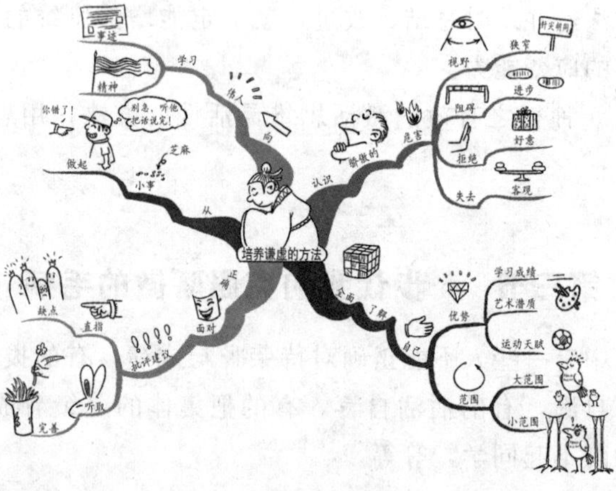

1. 认识骄傲的危害

盲目骄傲自大的人就像井底之蛙，视野狭窄，自以为是，严重阻碍了自己继续前进的步伐。由于骄傲，你会拒绝有益的劝告和友好的帮助。而且由于骄傲，你们会失掉客观的标准。

骄傲是对自己的片面认识，是盲目乐观，常会让人不思进取。应该培养自己的自信心，但不能滋长骄傲自满的情绪。

2. 全面认识自己

骄傲的产生往往源于自己的某方面特长和优势，应该先分析这种骄傲的基础：是学习成绩比较好、有某方面的艺术潜质，还是有运动天赋，等等。然后应认识到，自己身上的这种优势只不过限定在一个很小的范围内，放在一个更大范围就会失去这种优势；正确的态度应该是积极进取，而不是骄傲懈怠；并且优势往往是和不足并存的，同时应该努力弥补自己的不足。

另外，应该开阔胸怀，走出自我的狭小圈子，到更广阔的地方走走，陶冶情操，了解更多的历史名人的成就和才能，以丰富的知识充实头脑，让自己变骄傲为动力。

3. 正确面对批评建议

批评往往直指一个人的缺点，如果一个人能够接受批评，他就能够比较清楚地看到自己的缺点。对于我们来说，在评论自己时常会出现偏差，原因是“不识庐山真面目，只缘身在此山中”，若能经常听取别人的意见或建议，就能不断充实和完善自己。

谦虚不仅是一种美德，还是你无往不胜的美德。养成无论在任何时候都保持谦虚温和的良好习惯，是丰富和完善人生的一种要求。让我们永远做一个谦虚的人，一个学而不厌的人吧。

4. 从小事做起

戒骄戒躁、谦虚的习惯要从小事中培养，比如取得好成绩或得到别人的夸奖，都不应该骄傲，谨记“谦虚使人进步，骄傲使人落后”的座右铭。

5. 多向伟人学习

古今中外许多伟人都是十分谦虚的，像马克思、毛泽东等。可以向老师、家长请教这方面的事迹，也可以自己读一些这方面的故事，并时时提醒自己要向这些伟人学习。

第四节　6 步搞定英语听力

我们都知道，英语听力的好坏不仅对考试的成绩，而且对考试的信心、考试的情绪都有很大的影响。虽然多听有益，但也应该掌握一定的方法，方可取得高分。

在这里，我们主要讲怎样利用磁带练习听力：

1. 随时随地法

利用可以利用的每一分钟，无论是上学放学的路上、茶余饭后，还是睡前醒后都可以戴上耳机，随时随地地听。

2. 集中分段法

首先在某一段时间内，集中精力听一个内容，这一盘录音带没有听懂、听熟之前，先不听别的内容。其次可以把一天的时间分成若干段，每一段听不同的内容。

3. 先慢后快法

刚开始练习听力的时候，可以先听语速慢的录音带。然后再过渡到语速快的录音带。

4. 先中后外法

我们可以先听中国老师录的录音带，然后才过渡到外国人录的录音带，因为中国老师的录音我们听起来会更容易接受，可以看作一个很好的过渡。

5. 词汇过关法

听录音带时，要听课文，也要听词汇。有时，听词汇比听课文更重要。如果每天都要听一遍中学课本的词汇册，时间一久，在脑子里就形成了“听觉记忆”，以后碰上听过的词，脑子里一下就能反映出来。就如同看熟了的电影，听了上句，都知道下句是什么是一个道理。

6. **自录自听法**

通过这种方法可以检查自己的弱点，也可以借此增强自己的自信心。同时，还可以借此添上一点趣味性的东西。

综上，绘制如下思维导图：

第五节　有效听课应注意的 8 个细节

高效的学习者听课都有一个特点，那就是“听课要听细节”，具体可见下图：

由图可知，有效听课的 8 个细节具体为：

1. **留意开头和结尾**

老师在讲课时，开头一般是概括上节课的要点，指出本节课要讲的内容，把旧知识联系起来的环节，要仔细听清。老师在每节课结束前，一般会有一个小结，这也是听课的重点所在。

2. **留意老师讲课中的提示**

我们在听课中，经常能听到老师提示大家：“大家注意了”，“这一点很重要”，“这两个容易混淆”，“这是不常见的错误”，

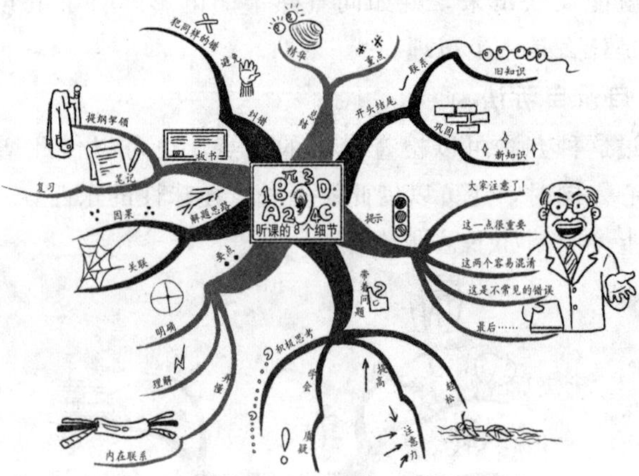

“这些内容说明”“最后”等等字眼，这些词句往往暗示着讲课中的要点，应该给予足够的重视。

3. **学会带着问题听课**

善于学习的人几乎都有一个好习惯，即他们善于带着问题去听课。听课不是照搬老师的讲课内容，而应积极思考，学会质疑，解决困惑。

带着问题去听课可以提高注意力效率，可以在听课的时候有所选择，大脑也不容易感到疲劳，不仅听课效率高而且会更轻松。

4. **留意教师讲解的要点**

听课过程中，我们应该留意老师事先在备课中准备的纲要是什么，上课时，老师是怎样围绕这个提纲进行讲解的。我们在力求抓住它、听懂它、理解它的同时，还可以通过听讲、练习、问答、看课本、看板书等途径，边听边明确要点和纲要，弄懂知识的内在联系。

5. **留心老师分析问题的思路**

各学科知识之间都有前因后果、上关下联的逻辑关系，有时可以相互推理，思路互通。在理科中表现得比较明显，比如一个定理、一条定律、一道习题，都有具体的思维方法，我们用心留意老师分析问题的思路和方法，仔细揣摩，就能轻松获得灵活的思维能力，越学越出色。

6. 留意老师的板书归纳和反复强调的地方

不言而喻，反复强调的地方往往是重要的或难以理解的内容，板书归纳不仅重要，而且是具有提纲挈领的作用。要注意在听清讲解、看清板书的基础上思考、记忆，并且做好笔记，便于以后重点复习。

7. 留心老师如何纠错

每个人都有做错题的时候，当老师在为同学纠错的时候，不管是你做错的题或者是别人做错的题，你都应该留心。如果你能对这些容易做错的题保持足够的警惕，那么以后就能有效地避免犯同样的错误，千万不要以为别人做错的题与你无关。

8. 留意老师对知识点的概括和总结

几乎每个老师都会在上完一堂课或讲过某些知识点之后进行概括和总结，这些“总结”是课堂知识的精华，也是考试的重点，应该好好理解和掌握。

第三章　高分思维导图的细节

第一节　7 招把注意力集中到位

对一个学生来说，没有注意，就没有学习。对于一个善于学习的人来说，注意力是影响学习效率的最重要因素之一，在学习过程中起着重要的作用。

在这里，有 7 招可以让你集中注意力：

1. 早睡早起，自我减压

正常休息，多利用白天学习，提高单位时间的学习效率，不要贪黑熬夜，累得头脑昏昏沉沉而一整天打不起精神。相信付出就有收获，让心情轻松、保持愉快，注意力就容易集中了。

2. 放松训练法

你可以舒适地坐在椅子上或躺在床上，向身体的各个部位传递休息的信息。让身体松弛起来，同时暗示它休息，然后，从右脚到躯干，再从左右手放松到躯干。这时，再从躯干到颈部、头部、脸部全部放松。只需短短的几分钟，你就能进入轻松、平和的状态。

3. 积极目标训练法

学会任何时候将自己的注意力集中起来，是一个高效学习者的重要品质。当你给自己设定一个提高自己注意力和专心能力的目标时，你就会发现，在非常短的时间内，集中注意力就会有很大的改观。

比如这一年我的目标是什么？这一学期甚至这一周我的目标是什么？我应该完成哪些学习任务？一旦目标明确了，学习的动力就足了，注意力就不易分散了。

4. **培养自己专心的素质**

如果想让自己专心致志地学习，首先要有自信心，相信自己可以具备迅速提高注意力集中的能力，只要下定决心，不受干扰，排除干扰，我们就可以做到注意力的高度集中。

5. **感官同用法**

训练注意力，同样需要调动多种运动器官来协同活动，在大脑皮层形成一个较强的兴奋中心。如耳听录音带，嘴里读单词，眼睛看课本，手在纸上写单词。这样，注意力自然就不分散了。

6. **排除干扰法**

排除干扰法，包括外界的干扰和内心的干扰，有时，内心的干扰比外界环境的干扰更为严重，我们可以通过给内心提示和暗示来训练自己，比如告诉自己有很多大目标都没有实现，必须集中精力。

还可以试着在没有任何干扰的情况下背诵一段 300 字左右的文章看需要多少时间，然后在旁边有干扰时背这段文章，看需要多长时间，直到在两种环境中时间相同为止。

7. **难易适度法**

这种训练方法要求我们，对于那些已能熟练解答的习题不要花太多时间去演算，可以找一些这方面经典性的题目练习。对于难度大的题目，先独立思考，再求助老师、同学或家长。对于不感兴趣难度又比较大的内容，自己首先订好计划，限定时间去学习，就不会松懈拖沓。如果攻克一个难题，就给自己一个奖赏，让成就感来激励自己，从而集中注意力。

以上 7 招集中注意力的方法，结合思维导图绘制如下：

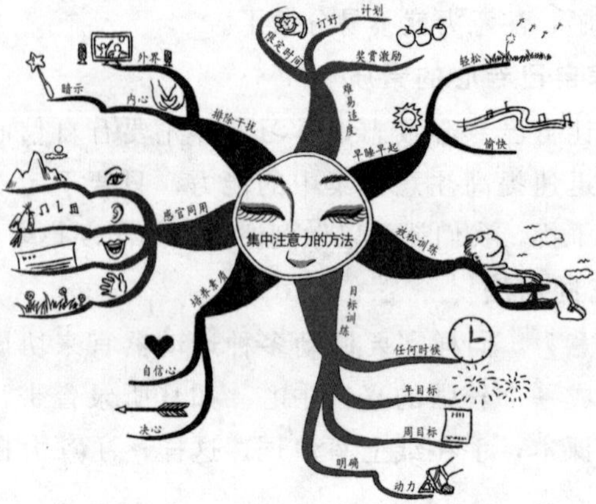

第二节　11 步制定完美的学习计划

制定完美的学习计划，共有 11 步。

首先看一幅思维导图：

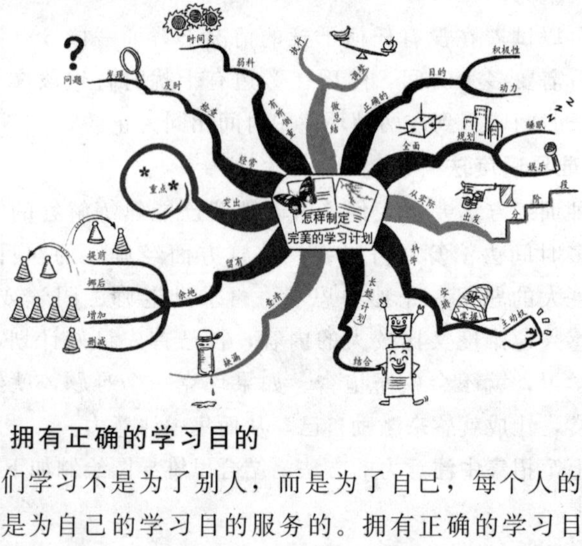

1. 拥有正确的学习目的

我们学习不是为了别人，而是为了自己，每个人的学习计划，也是为自己的学习目的服务的。拥有正确的学习目的，便可以推动我们主动积极的学习和克服困难的内在动力。

2. 全面规划学习

很多人都认为，学习计划包括娱乐，甚至还应当有进行社会工作、为集体服务的计划；有保证充分睡眠的时间；有娱乐活动的时间；有课外阅读的时间等等。这样既能保证自己的全面发展，又能保持旺盛的精力，还能使学习生活丰富多彩、生动有趣。

3. 学习计划要从个人实际出发

具体说来，学习计划要切合个人实际情况，目标应合理。在每个学习阶段，能有多少确实可用的学习时间？常规学习时间可以安排多少？自由学习时间可以安排多少？

4. 要科学安排

即科学地安排常规学习与自由学习的时间。常规学习时间用来完成老师当天布置的必须完成的学习任务；自由学习时间用来查漏补缺、课外自学、课外活动，以扩大知识面，掌握学习的主动权。力争做到“时时有事做，事事有时做”。

5. 要长短结合

就是要做到长计划短安排。长计划可以使具体任务有明确的目的，短安排是为了使长计划的任务逐步实现。为了实现总的目标要求，在一段较长的时间里应当有个大致安排，每星期、每天做些什么，也应有一个具体计划。要在晚上睡觉之前就安排好第二天什么时间做什么。

6. 要符合实际

制订计划不要脱离实际，要从自己的实际出发，在正确估计自己的知识与能力、可供自己支配的时间、查清自己知识缺漏的基础上，制订切实可行的学习计划。

7. 要留有余地

把计划变成现实，还要经过一个努力的过程，在这个过程中会遇到千变万化的情况。所以，计划不要安排得太满、太紧、太死，要留出机动时间，目标不要定得太高，以免实现不了。

如果情况变了，计划也要作相应的调整，比如提前、挪后、增加、删减等。

8. **要突出重点**

学习时间和内容都是有限的，所以计划要有重点，做到保证重点、兼顾一般。所谓重点是指自己的弱科、弱项和知识体系中的重点内容，要集中时间、精力保证重点的落实。

9. **要经常检查**

对于我们计划中安排的内容，时常检查一下是否都做了？任务是否都完成了？效果如何？没完成的原因又是什么？要经常对照检查，发现问题及时采取相应措施，或调整计划，或排除干扰计划的因素。

10. **科学地制订学习计划**

做好学习计划，可以使学习有明确的目的性，以便合理地安排学习内容和时间，使学习有条不紊，变被动为主动。这不仅可以提高学习的效率，而且还可以使自己养成良好的学习习惯，使勤奋精神落到实处。我们只有按照学习计划坚持不懈地执行下去，才会取得良好的学习效果。

11. **根据各科成绩，合理调整时间安排**

一些人在学习过程中，不可避免地会出现个别科目拖后腿的现象，这时就需要在计划安排上有所侧重，在成绩差的科目上多花一些时间。最好是在不影响正常计划的前提下把机动时间用来查漏补缺，每天至少要解决一个问题。

第三节　7 招强化抗挫折能力，实现高分

学习是一个不断遭遇挫折、克服困难的过程。为了实现自己的学习目标，取得高分，就需要我们增强自身的抗挫折能力。

具体说来，有以下 7 种办法：

1. 培养自己的抗挫折能力

古今中外历史上，所有为人类做出大贡献的伟人，都经历过无数次挫折，都有很强的抗挫折能力。比如，初中语文课本中《生于忧患，死于安乐》这篇文章，不能只停留在读书的时候会背诵，最重要的是深入地理解，最好内化于心。

每当我们遭遇挫折的时候，要学会换一种眼光去看待，学会锻炼自己的意志，让自己一次比一次坚强。

2. 把学习失利当作机遇

我们可以把学习和考试中遇到的失误和失利当成磨炼自己意志的机会，当成增长自己能力的机遇。

3. 时刻充满必胜的信心

一般情况下，当我们遭遇挫折时，情绪难免会失落，这时，你不妨放声高呼几声，比如："挫折你尽管来吧，我定能战胜你!"

同时，面对挫折，不要退缩，要想方设法去寻求解决问题的新途径。

4. 发挥自己的积极主动性

无论是在生活或学习中，我们都应尽可能地减少对老师和父母的依赖，只要是自己能做的事情，就不请别人帮忙和代做。善于调动自己的积极主动性，我们才能主动锻炼自己，增长抗挫能力。

5. 养成锻炼身体的好习惯

健康的身体是取得好成绩的保证。身体的强弱对学习效果的好坏影响很大。一个身体健壮的人，比起身体羸弱的人，往往可以凭借充足的精力去克服学习上的困难。

平时，我们应该有锻炼身体的意识，每天坚持做一至两项自己喜欢的运动，长期坚持下去，自然能增强抵抗恶劣环境的能力。对学习中遭遇的挫折，也许就会不以为然了。

6. 平时主动给自己制造难题

日常学习中，可以根据学习进展，不时地给自己制造些难题，设计些困境，以发挥自己的能动性，挖掘自己的学习潜力，从而完善自己的知识结构。

7. 设法多读一些伟人传记

名人传记是人类的精神养料。比如，我们熟知的罗曼·罗兰的《名人传》中，曾引用了贝多芬的名言："不幸的人啊！切勿过于怨叹，人类中最优秀的和你们同在。"假如你读过这本书，或许在你感到绝望的时候就会想到音乐巨人贝多芬，在迷茫的时候想到画家米开朗琪罗，在孤独的时候想到托尔斯泰。

阅读名人传记，就像是在和伟大的人对话，除了让我们了解到他们的人生经历之外，也能让我们对比自己，从而清楚地看到，原来自己面临的困难是多么的渺小，只要多一些毅力和耐心，任何困难都将不堪一击。

我们在不断阅读伟人传记的过程中，就能感觉到人生就是不断战胜困难、战胜挫折的过程。

其实，像《史记》等历史著作就是很好的人物传记读本，如果是自传性的书，我们尽量选择那些年纪偏大的，对人生有所总结的人的作品，比如季羡林先生的作品就值得一读；如果是给别人写的传记，我们尽量读那些大家的作品，比如林语堂写的《苏东坡传》等。

以上7招可以增强自己抗挫折的能力，你是否掌握了呢？为了强化我们抗挫的意识，现以思维导图的形式绘制如下：

第四节　4种方法轻松管好你的时间

善于利用时间是善学者高效学习的保证。

在学习阶段，大部分的时间是在课堂和自习中度过的，能自由支配的时间很少，在这种情况下，更应学会利用和管好我

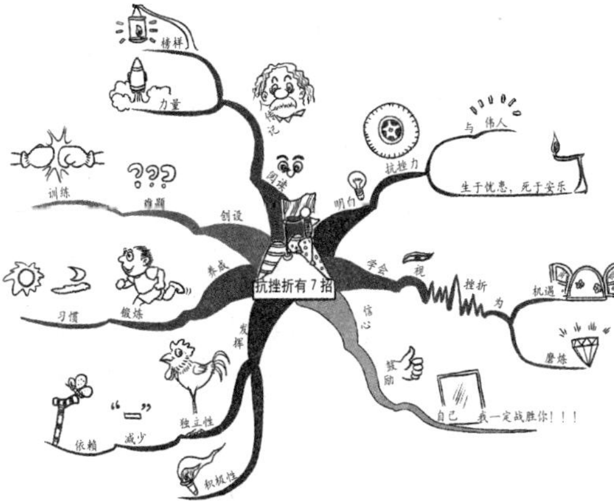

们宝贵的时间。

下面即是一个管理时间的思维导图：

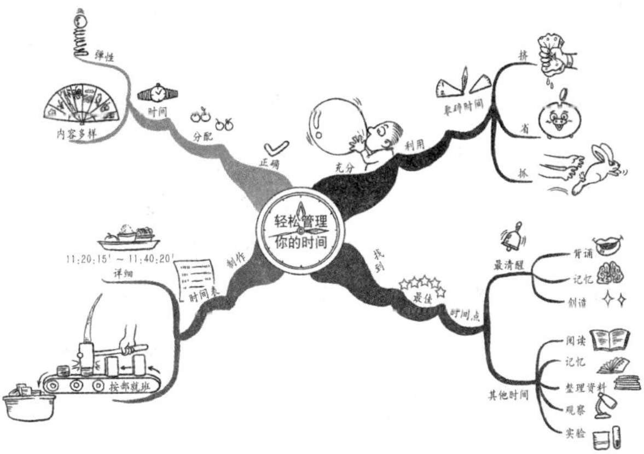

从图中我们可以看出，管理时间主要有 4 种方法：

1. **充分利用零碎的时间**

生命是以时间为单位的，时间就是生命。学习是要用时间来完成的，浪费自己的时间等于慢性自杀。只有利用好自己身边的零散时间，才能不断地超越自我，实现学习上的飞跃。

善于利用零散时间的人，可用的时间就比别人多。除了“挤”时间，还要善于节省时间，比如一天当中，一定要办最重要的事情；用大部分时间去处理最难、影响最大的事，等等。“挤”时间与省时间的另一个方法是科学利用业余时间。

2. 找准适合自己的最佳学习时间点

一个人一天究竟在什么时间点学习效率最高，这个学习效率最高的点，就是我们要掌握的最佳学习时间点。在学习过程中，我们可以尽量根据个人的生理特点找出可以让学习效率最高的最佳学习时间点，这样才能有助于达到最佳的学习效果。

找准个人学习的最佳时间点，可以充分发挥时间的价值。

你可以根据自己的情况，制定一天的学习计划，比如，什么时间段背诵语文？什么时候想学英语？什么时候阅读最轻松？接下来又干什么，有条不紊。时间长了便自成一种用时节律。

找到适合自己学习的最佳时间点，在头脑最清醒的时间无疑可以用来背诵、记忆、创造；其他时间可用来阅读、浏览、整理资料、观察、实验。

这样合理地安排时间，将会提高你的学习效率。

3. 学会制作学习时间表

制作学习时间表能把你的时间划分得很具体，让你每天的时间井然有序。一个善于学习的人，既不会玩了一天什么也没有干，也不能碰到学习困难就退缩，而应该制定一个详细的时间表，按部就班的执行，那样才会收到事半功倍的效果。

4. 正确分配学习的时间

学习如同练武，一张一弛，也是学习之道。无论做什么事情，都要保持时间运筹上的弹性，这样才能有效率，才能持久。列宁在写给他妹妹伊里奇·乌里扬诺娃的信中说：“我劝你正确分配学习的时间，使学习内容多样化。我很清楚地记得，写作之后改做体操，看完有分量的书之后改看小说是非常有益的。”

所以，你在上完理科课之后，可以利用课间休息的时间，掏出英语单词本，读几个单词，不是为了去记忆，而是给头脑换换气，或者掏出一本精彩的小说看一段，也是一种休息。

管理时间是一件很简单的事情，只要你管好了时间，你的学习成绩一定会有很大提高。

第五节　依靠发散性思维进行发散性的创造

发散思维法的特点是以一点为核心，以辐射状向外散射。在生产、生活中，我们可以利用这种思维法来进行发散性的创造。若以一个产品为核心，可以发掘它的各种不同的功能，开发出各种各样的新产品。如围绕电熨斗这个产品，开发出了透明蒸汽电熨斗、自动关熄熨斗、自动除垢熨斗、电脑装置熨斗，等等。这些产品满足了生活中不同人群的不同需求。

下面这个故事也是围绕产品开发产品的一个典型例子，从中我们可以体会到发散思维法的应用价值。

日本著名的松下电器公司于 1956 年与另一家电器公司进行合资，成立了新的电器公司，专门制造电风扇。当时，松下幸之助委任松下电器公司的西田千秋为总经理，自己则担任顾问。

与之合并的这家公司前身是专做电风扇的，后来又开发了民用排风扇。但即使如此，产品还是显得比较单一，西田千秋准备开发新的产品，试着探询松下的意见。松下对他说："只做风的生意就可以了。"当时松下的想法，是想让松下电器的附属公司尽可能专业化，以期有所突破。可是松下电器的电风扇制造已经做得相当卓越，完全有实力开发新的领域。但是，松下给西田的却是否定的回答。

然而，聪明的西田并未因松下这样的回答而灰心丧气。他的思维极其灵活而机敏，他紧盯住松下问道："只要是与风有关的任何产品都可以做吗?"

松下并未仔细品味此话的真正意思，但西田所问的与自己的指示很吻合，所以他毫不犹豫地回答说："当然可以了。"

五年之后，松下又到这家工厂视察，看到厂里正在生产暖风机，便问西田："这是电风扇吗？"

西田说："不是，但是它和风有关。电风扇是冷风，这个是暖风，你说过要我们做风的生意，难道不是吗？"

后来，西田千秋一手操办的松下精工的"风家族"，已经非常丰富了。除了电风扇、排风扇、暖风机、鼓风机之外，还有果园和茶圃的防霜用换气扇、培养香菇用的调温换气扇、家禽养殖业的棚舍调温系统等。

松下的一句"只做风的生意就可以了"被西田千秋用发散思维发挥到了极致，围绕风开发出了许许多多适合不同市场的优质产品，为松下公司创造了一个又一个的辉煌。这也体现了发散思维的神奇魅力。

依靠发散性的思维进行发散性的创造，也为我们提供了一种发明创造的新模式。思维发散的过程，同时也是创意发散的过程。围绕一个中心，将思维无限蔓延，最终即可产生多种创造成果，为生活和学习作带来更大的便利。